알타이 가설과 한국어

아시아학술번역총서 1
알타이학시리즈 4

알타이 가설과 한국어

G. J. 람스테트 · N. 포페 · 핫토리 시로 지음

도재학 · 남서영 · 임고은 옮김

역락

| 간행사 |

    18세기에 시작된 '알타이어족(語族)' 가설과 19세기 이후 제기된 한국어와 일본어의 알타이어 계통설은 20세기 후반 학계에서 거의 기각되기에 이르렀습니다. 그러나 21세기의 오늘날 한국어·일본어의 계통과 관련한 좀 더 정밀한 연구에 대한 관심이 높아지고 있습니다. 그것은 현생 인류의 출현 및 이동과 관련한 분자생물학과 유전학 등의 자연과학이 고도로 발달하고 고고학·인류학·민속학 등 융합적 인문학 방법론이 첨예화되는 가운데에 언어 현상에 대해서도 보다 다각적이고 입체적인 관점에서 다루고자 하는 경향과 함께 나타난 현상으로 보입니다. 이러한 가운데 가천대학교 아시아문화연구소 알타이학연구실은 지금까지 위축되고 침체되어 온 알타이 언어·문화 관련 연구의 중심에 서서 그 성과를 종합하고 확산하는 구심점 역할을 수행할 것으로 기대되고 있습니다.

    2012년 가을부터 2022년까지의 10년 간 예정으로 한국가스공사의 지원에 힘입어 가천대학교 아시아문화연구소는 "알타이언어문화연구사업"을 수행하고 있습니다. 이 사업은 2012년 11월에 체결된 '한국가스공사·가천대학교업무협정'과 2013년 1월의 한국가스공사와 가천대학교 산학협력단의 '알타이언어문화권에 대한 공동연구 사업 수행을 위한 업무약정'에 의해 시작되었습니다. 지금까지 다섯 차례의 국제학술대회를 통해 각 분야의 세계적 권위자를 초빙하여 알타이 언어와 문화에 관한 다양한 쟁점에 대해 논의하는 자리를 마련하였고, 이에 따라 여러 분야의 연구자들이 모여 최신의 학술성과를 공유할 수 있게 되었습니다. 또한 여기서 발표된 논문들을 아시아문화연구소 학술연구총서의 알타이학 시리즈로 발간하고 있습니다.

    그런데 이러한 최신의 연구 성과와 함께 우리가 반성적으로 돌아보아

아 하는 일들이 있습니다. 20세기 초에 알타이어족 가설을 제기한 람스테트(G. J. Ramstedt) 등 선구적 학자들의 논고가 아직까지 한국어로 제대로 번역되지 않았고 부분적으로밖에 소개되지 않았다는 점입니다. 관련 전문가들이 외국어로 이들의 논고를 접하고 인용했을 뿐 한국어로 번역하여 일반화하는 일은 크게 중요하게 여겨지지 않은 것 같습니다. 이 책은 바로 이러한 점을 깊게 자각하고 연구소 학술연구총서 알타이학 시리즈의 첫 번째 번역총서로 간행하게 된 것입니다. 알타이어족 가설에서 중심이 되는 논고들을 통해 그간의 논의 상황 및 연구 성과를 공유하는 데에 포괄적인 시야를 제공할 수 있을 것으로 봅니다.

첫 번째 논문은 람스테트(G. J. Ramstedt)의 「한국어에 대한 관견」은 본인의 견해를 피력한 논고로서 1928년 *Mémoires de la Société Finno-ougrienne*(핀우그리아어학회 논문집) 58권(pp.441- 453)에 수록된 것입니다. 내용은 크게 세 가지 부분, 즉 음운 체계, 문법 요소에 따른 언어의 구조, 원시 한국어 단어의 어원론의 세 가지로 구성되었는데 어원론의 부분이 다소 소략합니다. 이 논문의 결론은 한국어가 동아시아 언어권에서 일찍이 분기된 언어이며 전통적이지만 설득력이 없는 우랄・알타이 이론은 폐기되어야 한다는 것입니다. 이 논문은 한 해 앞선 1927년에 발표된 폴리바노프(E. D. Polivanov)의 논문 '한국어와 알타이어의 친족 관계에 대한 문제에 대하여'와 더불어 한국어와 알타이 제어의 친연성을 주장한 대표적인 연구로 평가되고 있습니다.

두 번째 포페(N. Poppe)의 *Известия Академии наук Союза ССР*(소련과학아카데미학보) 1940년 제3호(pp.79-88)에 실린 「소비에트 언어학의 관점에서 본 우랄・알타이 이론」은 그가 독일을 거쳐(1943년) 미국으로 망명(1949년)하기 직전 구소련에서 발표된 논문입니다. 우랄・알타이 이론 혹은 가설의 연구사를 각 학자들의 주요 관점과 주장, 문제점들과 함께 살펴본 포페는 이 이론으로 통합된 언어들의 상호 친연성을 입증할 수 없으므로 우랄·알타이어족은 존재하지 않는다는 결론을 내리고 있습니다.

세 번째 핫토리 시로(服部四郎)의 「일본어와 류큐어·조선어·알타이어와의 친족관계」는 1948년 『民族學研究』(민족학연구) 제13권 2호(pp.109-131)에 실렸으며, 1999년 관련 논문들을 편집한 서적 『日本語の系統』(일본어의 계통, 岩波書店)에도 수록되어 있습니다. 일본어와 류큐어, 조선어, 알타이어 사이의 친족관계에 대해 여러 연구자의 학설과 문제점들을 지적하면서 언어 간의 비교 연구를 통해 친족관계 여부를 설명하고 있습니다. 특히 형태적 구조, 악센트의 위치, 어휘적 형태소, 모음조화 등 음운적 특징을 중심으로 유사점들을 비교하면서 류큐어와의 친족관계는 인정하지만, 조선어와 알타이어는 공통의 조어에서 갈려나온 것으로 추정하면서도 친족관계임을 단정 짓는 것에는 조심스러운 입장입니다.

위의 논문들을 번역한 도재학 선생님과, 남서영 선생님, 그리고 임고은 선생님은 각각 한국어학, 러시아어학, 일본어학을 전공한 젊은 연구자들입니다. 또한 아시아문화연구소 알타이학연구실의 주요 멤버로서 앞으로 해당 분야에서 많은 활약이 기대되는 분들인 바, 알타이언어문화 연구사업에 대한 남다른 사명감을 갖고 성실하게 본 번역에 임해오신 것으로 알고 있습니다. 그 노고에 경의를 표하며 이 책이 한국의 알타이 관련 연구와 한국어의 역사에 관련된 새로운 연구의 지평을 열어가는 데에 도움이 되기를 바랍니다.

2016년 12월
가천대학교 아시아문화연구소장 박진수

| 차 례 |

01 이 책의 저자 원문은 역자들이 원문의 텍스트를 검토하여 오류를 수정하고 새롭게 일일이 입력한 것이다.

02 람스테트(G. J. Ramstedt)의 「한국어에 대한 관견」(Remarks on the Korean language)은 1928년 *Mémoires de la Société Finno-ougrienne*(핀우그리아어학회 논문집) 58권(pp.441-453)에 수록된 논문을 번역하였다.

포페(N. Poppe)의 「소비에트 언어학의 관점에서 본 우랄·알타이 이론」(*Урало-алтайская теория в свете советского языкознания*)은 1940년 *Известия Академии наук Союза ССР*(소련과학아카데미학보) 제3호(pp.79-88)에 수록된 논문을 번역하였다.

핫토리 시로(服部四郎)의 「일본어와 류큐어, 조선어, 알타이어와의 친족관계」(日本語と琉球語·朝鮮語·アルタイ語との親族関係)는 1948년 『民族學研究』(민족학연구) 제13권 2호(pp.109-131)에 실렸으며, 1999년 관련 논문들을 편집한 서적 『日本語の系統』(일본어의 계통, 岩波書店)에도 수록되어 있는 논문을 번역하였다.

03 「한국어에 대한 관견」에 » » 로 표기한 것과 「소비에트 언어학의 관점에서 본 우랄·알타이 이론」에서 ≪ ≫ 로 표기한 것은 겹따옴표 " " 로 표기하였다.

04 「일본어와 류큐어·조선어·알타이어와의 친족관계」는 「 」, 『 』, 〈 〉, ≪ ≫ 등 원문의 표기를 존중하여 그대로 입력하였다.

05 원문의 주는 각주로, 역자주는 미주로 표기하여 구분하였다.

06 번역문에 역자가 주를 붙인 곳은 역주를 표기하였다.

Remarks on the Korean language

G. J. Ramstedt

In the Korean language of to-day — both as spoken, with all its different dialects — and as a literary vehicle — there are two, or rather three, elements which make up the whole.

A. The inherited old stock of words, grammatical forms and endings and the method of constructing the phrases.

B. The imported goods: Chinese loanwords and loaned expressions of earlier or later date.

The third element, which seems to play a peculiarly big rôle, consists of innovations, »neuschöpfung», of more or less onomatopoetical nature, describing sounds or movements and sometimes being just an occasional makeshift, caused by the lack of older words, especially of adverbs.

Of course, it is only the old stock of original Korean goods which has a value for comparative studies. It must be remembered that the old structure has evidently shrunk considerably under the heavy import of Chinese ideas and Chinese words, the sign of »civilisation» and »refinement». The language has therefore in many respects been deflected from its independent development and suffered losses of greatest importance. For that reason the language seems poor; in comparison with e. g. the Tungusian dialects we find that these latter are sometimes better provided with old words of their own. All Tungusian dialects have, f. i. a word for »liver», that important part of every animal and of the human body, but the Korean seems now to know only a Chinese loanword.

To give a complete summary of the past development of the Korean language is a premature undertaking, as the dialects have not been sufficiently studied, but if we keep to the best known facts we can take under examination the following points: 1) the system of sounds, 2) the structure of the language as to its grammatical elements and 3) the etymology of primitive Korean words.

I. The sounds.

A. The vowels.

The vowels of the South-Korean standard language as spoken in Keijo (Seoul) and as used in the present day literature are *a, o, u, ë, ï* and *i*, but the Korean alphabet has one more, the »short a» which seems to have been a sign for a special vowel sound, a reduced back vowel, similar to English *a* in c u p (*kap*), o n e (*wan*), c l u b (*klab*). This vowel has given either *a* or *ï* : *hănăn* > *hanan, hanïn* »doing». The vowel *ï* is a high-mixed-vowel as Turkish *y* in *qyz* »girl» or Russian ы (long) in рыба (*rī̆ ⁱba*) »fish». The mid-mixed vowel *ë* is lower or more like *ε̄* or *з̄* (*ә*) in English g i r l, w o r l d. The vowel system seems to have been as follows:

(back)		*ï*		*i*	(front)
u		|	*ë*		
|		*a*	|		
o			*a*		

As we now have in the language variations: *a* ~ *ë* as in *poatta* (< *poa + *itta*) 'I saw', 'one has seen', 'you have seen', etc. and *čugëtta* (< *čugë itta*) 'has died' 'is dead' or *o* ~ *u* as in *toro* 'returning' and *turu* 'turning around', *paro* 'straightly' and *nëmu* 'exceedingly', *nalgā̆* (< *nal-gai*) 'wing' and *čigē̆* (< *či-gëi*) 'a burden carrier, rücksack', we can to-day still find that the Korean language has had a definite v o w e l h a r m o n y, i. e. that certain vowels in the suffixes varied according to the nature of the stem vowel. The vowels were grouped in two classes: 1) back vowels *a o* and *a* and 2) front vowels *ë u* and *ï*. This fact reveals certain facts concerning the earlier pronunciation:

A back *u seems to have given o, cfr. North-Korean *kagu* = South-Korean *kago* 'in going, going and...', North-Korean *tu* 'also' = South-Kor. *to.*

A vowel *u* as front vowel[1] variant to *o* goes back to earlier *ɯ* or *ü* (*ɯ* as in Japanese *u* or Swedish *u*); in other words, it means that a proto-Korean *ü* has moved backwards and is now *u* (*čugëtta* < *čüg-ä* + *ista*)[2] »dead is».

When *ë* now corresponds to *a* (*či-gëi* ~ *nal-gai*), the original sound of *ë* must have been a broad *e* (*ε* or *ä*) and the evolution of this broad *e* -sound is parallel to what we find in Manchu, Goldi and Buryat, which all have a broad back *ë* (*ö*) for the original *e*.

The »short a», *ă* or *a*, seems to go back to short or reduced back vowels *a*, *o* or *u and has served as a substitute or nearest sound for the reduced back sound in Chinese: *sa* > *sa* 'four' = Chin. ^{d}*zë*, Jap. *shi* 'four'. When *a* was the back vowel, a short *i* served as a front variant to it and there existed e. g. *saram* 'man', orig. 'living' form *sal-* 'to live' and *čugïm* 'death' from *čuk-* to 'die'.[3] The vowels were therefore originally:

1)back: long *a, o, u*	2)front: long *ä, ö?, ɯ*
short *ă, ŏ, ŭ*	short *ä, —, ŭ, i* [4]

If subjected to palatalisation, owing to the influence of

a following front vowel or a palatalized consonant, an original *a* turned to **ä* > *ë*, an original **o* to *ō̈* > *ɯ* > *u*, an original **a* to *ï*. If subjected to labialisation, *a* gave *o*, *ε* (*ä*) gave *u*, *ï* gave *u*. These changes can be found f. i. in *pal* 'foot' (cfr. mong. *alqu-* 'to step' < **qal-qu-* < **pal-qu-*), Kor. *palp-*, *polp-* 'to step', *pal s^{i}ën* > Nkor. *pašën* 'stockings', *pōšën* id., South-Kor. *pësën* id. The *a*-vowel sounded more or less like a short *a* and is now undistinguishable[5] from earlier *a* : *mal* 'horse', North-Kor. *mar*, South *mal* < **mŏr* = Mong. *mori*, *morin* 'horse' *mor-da-* 'to ride'. As to the original **ü* it is now either *u* or *ï* as in *mul*, dial. *mïl* 'water' = Mong. *müren* 'river', *tïl*, dial. *tul* 'prairie' = Goldi *dul* 'prairie, wilderness'.

The diphthongs on *i* have developed into long front-vowels *ai* > *ā̈* : *ëi* > *ē* : *oi* > *wē* > *ō̈* : *ui* > *wī* > *ü* : the sounds *ä*, *e*, *ö*, *ü*, after having been out of use for centuries, are thus reappearing as a result of the influence of *I*.

B. The consonants.

Of the explosives (*k*, *t*, *p*, *č*) there existed of old two series: the stronger one or the aspirated series and the weaker or un-aspirated. The non-aspirated explosives may have been voiced or voiceless, i. e. tenues or mediae, just as they are now pronounced, and they were also in special combinations pronounced as voiceless mediae (ɢ ᴅ ʙ ž) as heard to-day: *kada* or *kata* 'to go, goes' is *kaᴅa* or *kada* if *k* is absolutely initial, but ɢaᴅa, *gada* if the preceding[6] sound is voiced: *tora-gada* 'to go back', *tora-gage*, *tora-ɢage* 'he, one may go back', where *-ge* < *gëi* is written *-këi* and corresponds to -*këi* in *mëkkëi* > *mëkke* 'one may eat'. The aspirated sounds were distinguished by their aspiration from the homorgan weaker sounds: thus k^c, t^c, p^c, $č^c$, with stronger or weaker aspiration, but in a final position, i. e. as the end of a word, they lost their aspiration and later also their e x p l o s i v e part and both *k and $*k^c$, *t and $*t^c$, etc. are now pronounced similarly with only their i m p l o-s i o n left.

There now exists in Korean an interesting series of geminata explosives (*kk, tt, pp, čč* and *ss*) in the beginning of words. We can guess that a short or reduced vowel (*a* or *ï*) has been suppressed between two consonants (explosives *k, t, p,* and also *s*) and that these consonants later were assimilated giving the second consonant as long and emphatically pronounced. Thus in *ssïda* 'to use' the old writing *psïda* is testified as etymologically correct and better than *ssïda*, because of words like *mopsi* 'impossibly', 'badly' < *mot + psï* 'no use', *somssi* 'skill' < *son* 'hand' + *psï* 'use'; in *ttal* 'girl, daughter' (written *stal, ptal, ttal*) the spelling *ptal* gives

us the right to connect this word with Goldi *patala* 'girl',
to *ssal* 'rice, food', the original is *psal* < *pasal* (cfr. mo.
baʒala 'rice'), found in *me-psal, čo-psal, ipsal*, etc.; to
tto (< *pto*) 'again' we have an equivalent in tung. *pata* :
Poppe *hatama* 'again'; to *ttä* (< *ptai*) 'time, age' we have
i-ptä 'now' *čë-ptä* (< *ți̯ë ptai*) 'at that time, then', *kï-ptä*
'then' and also in Tungusian dialects there exists a
corresponding word: Poppe *hatapti* 'old, aged' (*-pti* is an
ending and the stem is *pata-*).

The gemination or lengthening of an initial consonant
having got foothold in the language, other causes added
to its frequency. In *namu-kkot* 'tree-flower' we have
originally *namu-k-koč*, the first *k* being an assimilated
old genitive suffix, originally *ń* or nasalised *j*, which now
appears either as *-i, -ï* or a lengthening of the following
consonant: *nunï̈ mul, nunmul* 'tear', orig. »eye's water»,
written in older days *nunń-mul* (*nunj-mul*). For emphasis
the geminated explosives are used instead of lenes: *këmïn*
'dark, black' (cfr. Jap. *kemuri* 'smoke'), but *kkëmïn* >
kkamïn 'pitchblack'.

The rules concerning the final sounds have made
matters difficult and disturbed the declension of the
nouns. When of *t* and *t^c* only the implosive part was
heard and final *s, č^c* and *č* all gave *t*, the nominative
can no longer show the original value of a final *t* and we
must therefore look for old case formations. We have *kat*

(*kaᵗ*) 'a hat', locative *kasä, kase* (< **kas-ai, kas-ăi*) = Jap. *kasa* 'a hat'; *kkot* (*kkoᵗ*) 'a flower', orig. *koč*, North-Kor. locat. *kkoǯe* = Jap. *kusa* 'grass, flower'; *nat* 'a hatchet, a sickle' (locativ. *nade*) = Jap. *nata* id.; *pat* 'a field', locat. *patᶜe* = Jap. *hata, hatake* id.

As to the above mentioned *namu* 'tree', we have a loc. *namge* (> *naŋge*) and the original form of this word has been **nămăɣ*, the *ɣ*-sound (a spirantic *g*) having given a vowel: *nămă ᵘ* > *namō, nămū*, but we still hear to-day *namaksin* 'wooden shoes' (*sin* 'shoe, boots'). There seems to have been a lot of words with final *ɣ*; I have met with *mū, muu* 'radish' = Nkor. *musu*, defin. *mukki* (< **musuɣ*,[7] defin. *musuɣ-i*), *karu* defin. *kalgi* 'flour, powder' (< **kalăɣ*[8] from *kal-* 'to grind'), *čaru* ~ *čalgi* 'handle', (< **č ⁱarăɣ*), *čaru* ~ *čalgi* 'a bag' (< **čarăɣ*[9]), *asu* (North-Kor. *asï* ~ *äkki*) 'younger brother', 'younger sister', *kumu* (North-Kor. *kumu*, defin. *kuŋgi, kumgi*) 'a hole', ... etc.; therefore *këru* 'boat, ship' (< **kërăɣ*) may well correspond to Goldi *gela, gella* 'a large boat', and here we have a clue in understanding the prehistoric stages of a vowel in a second syllable. But it is not the *ɣ*-spirant alone which can be detected; we can easily find traces of *δ* (spirantic *d*) and *β* (spirantic *b*) and besides these we can see that the language has had a special *s*-sound which has given *h* or has disappeared (cfr. above *mū* and *musu*; *kaïl* ~ *kahïl* ~ *kasïl* 'autumn'; *kët* 'thing', accus, *kësïl* > *kël, -gël*).

The spirant δ (Engl. *th* in *these*) has regularly in intervocalic position given *r*, but before an explosive a *t* (written as *s*): *mudδ-ta* 'to ask, inquire' > now *mutta*, but *mudδë* + *ista* 'has asked' > now *murëtta*; this corresponds to Goldi *mude-lisi*, *mude-* 'to inquire'. This δ > *r* ~ *l* explains why Chinese words on original dental show *l* (*r*) as final sound: 'moon' is Jap. *gu̯etu* > *getsu*, Skor. *u̯ël*, Nkor. *u̯ër*; 'iron' is Jap. *tetu* > *tetsu*, Nkor. *t^{c}i̯ër*, Skor. *č^{c}ël*.

As to β (a stronger or weaker *w*) it has been an intervocalic variant to *b* and has disappeared totally: f. i. *mugē* 'weight' is *mugëβi*, the *i* -noun of the verb *mugëpta* 'to be heavy', *kao* 'goes, is going' (polite speech) < *kaβă*, the *a*-converb of a secondary stem *ka-β-* 'to be gone' from primary *ka-* 'to go'; this use of a secondary stem corresponds to the use of passive in Japanese when talked respectfully.

The original sounds explained above have once been:

Fortis	Lenis	Spirans
k ^{c}	*k, g*	γ
t ^{c}	*t, d*	δ
p ^{c}	*p, b*	β
č ^{c}	*č, ʒ*	–
? s	*s*	*s* > *h*

The language has had a *j*- and a nasalised *j* (or *ń*). We find in Tung. *mäwan*, dial. *mian*, *miwan* 'heart' an equivalent to Kor. older *măjăm* 'heart, mind' > *māăm* > *māïm*, or *mām*, cfr. Tung, *sil*, *sī*, Manchu *silhi* 'the gall' with Kor. *ssilkäi*, dial. *ssilkē*, *ssilge*, *ssīgē* 'the gall'.

It is interesting to note that *l* and *r* have been treated as one sound and their distinction lost; we have now in Skor. *tōl* 'stone', locat. *tōrē* 'in the stone' and in Nkor. *tōr*, *tōrē* where we can suppose that the original sound was *l* (Goldi *ǯollo*, *ǯolo* 'stone', cfr. prototurk. *tal′* > Turk. *taš*, or *t′al′* > čuvassish *čul*). On the other hand, Skor. *mal* (loc. *mare*) 'horse', *mul* (loc. *mure*) 'water', = Nkor. *mar*, *mur*, may have an original *r*, while *pul*, Nkor. *pur* 'fire' seems to have had *l*, cfr. Kor. *pulkta* 'to be redhot', *pulgïn* 'red' = Mong. *ulagan* 'red' < *q̇ulayan* < *pulayan*, Manchu *fulgi̯ an* id. The initial *l* has in Korean given *n* : Kor. *nok* 'green' (from chinese *lok*) cfr. Mong. *nogōn* id.; Kor. *nō-h'ën* 'old brother' from Chin. *lao* 'old', cfr. Mong. *nojan* 'Prince, Master' < Chin. *lo-je*. But before *i* both *li*- and *ni*- have given *ji*- (*i̯ i*-), now heard as *i*-. On the other hand, the original initial *i*- has been pronounced *i̯ i*- and *ńi*- and this confusion has mixed all three of them together; therefore, we find Korean *irë nada* 'to rise and go out', written *nirë*, corresponding to Goldi *ili*- 'to rise', and Korean *i*, written and older *ni*, 'tooth' (f. i. in *amni* 'foretooth' < *alp^c* + *n*

+ *i-) corresponding to *i in Tungusian *ikte* 'tooth' — the -*kte* is a suffix — and to *igde-* 'to comb' or to *i in Mongolian *ide-* 'to eat'.

Many interesting things remain to be mentioned, but, owing to lack of space, the phonetical history of the Korean language can be sketched only as short as possible. Nevertheless, I may add that the Keijo-dialect is in many respects very ambiguous and that the North of Korea offers many valuable points for a restoration of the oldest sounds in cases like present Keijo $č$ - $č^c$. For instance:

North-Korean		$tị ō ŏn$	'good'	= Skor.	$čōhïn$,	orig.	*$tị oh$-
»	»	$čëgïn$	'small'	= »	$čëgïn$,	»	*$čị ëk$-
»	»	$tsar$	'well'	= »	$čal$,	»	*$čal$.

If we compare *matta* 'to meet, to touch', preterite *mažatta* (< *mač-a itta*) with *mannada* 'to meet' (< *mač-na-*), and have a verb *kënnëda* 'to pass over a river', we have a key to the restoring of a primary verb *$këč$- and the right to think of Türk, *käč-* 'to pass over a river' and Mong. *kečegü* > kalm. *ketsü*, Khalkha $x̌e'ts'\bar{u}$ 'surpassing, very, difficult'. Many discoveries of greatest value await an interested researcher and it is a pity that almost nothing has[10] been done to make the Korean language accessible to modern linguistical studies.

II. The structure of the language.

The verbal conjugation.

In the verbal conjugation one finds three old »infinitives» (this is inadequate as terminology for verbal nouns of verbal use) which end on -*ta*, -*ti* and -*të* respectively. The -*ta*- formation: *kada* 'to go' = 'I go', 'you go', 'he goes', 'one goes' etc., *mëkta* 'to eat', 'one eats', *itta* (< *isĭ-ta*) 'to be' 'is' 'are' — is a general indicative-infinitive and is too near to the Tungusian infinitive on -*ta*, -*da* to be only an accidental similarity and I think we have this same old -*ta* in old Turkish *boltači*, *körtäči* etc. The -*ti*- formation (Skor. -*či*, -*ǯi* : *kadi*, *mëkti*, *isĭti* > Nkor. *kadi*, *mëkti*, *itti*, Skor. *kaǯi*, *mëkči*, *itči* 'may go', 'may eat' 'may be')[11] is used as a noun in connection with negations (Skor. *kaǯi mot hada* 'can not go') and with *man-ïn* 'but' (*kaǯi man-ïn* 'goes, but' = 'although going') and corresponds to a form for uncertainty or the future in the Tungusian dialects. The -*të* is the suffix in *kadë-ra* 'he goes' or 'went', *mëktë* 'he eats (< *mëktë-i*), *podën* 'seen' (< *podë* + *in*) and has a sense of past tense; it corresponds closely to the past tense on -*dy*, -*di* in Turkish and -*ǯi*, -*ǯu* (-*dï*, -*di*) in Mongolian.

The abundance of different verbal forms in Korean is at first sight very perplexing and difficult to master. But after a closer analysis we find that their number is nothing unheard of, most of them being only recently created contractions, where to the main verb in its different forms the auxiliary verb *i-* 'to be', *isi-* 'to be' (< ? orig. *βi, βi-si-*) in its special forms has been added and the stem vowel *i-* been lost. Thus *poatta* 'I saw' 'I have seen', 'to have seen' etc. is orig. *poa* + *itta* 'seen' + 'is', *pogetta* 'I shall see' is *pogë* + *itta* 'to see + to be', *poaṣëtta* 'one had seen' < *poa* + *iṣi̦ë* + *itta* 'seen + been + is'. The existing grammars written by foreigners, mostly for missionary use, have too many mistakes, owing to wrong methods or to lack of methodical thinking. We don't come anywhere if we say that in *poatta* we have an ending *-at-* for the past tense or in *pogetta* an ending *-get-* for the future tense; such suffixes or infixes have never existed, but certainly a suffix *-a ~ -ë* and a suffix *-*kai ~ -*këi* must be accepted as historically correct.

Eckardt, a German missionary who has lived a score of years among the Koreans, says in his large but very confusing grammar that the Korean language has 25 participles, while the Japanese has only 2, and that therefore these two languages can not be originally related. Without discussing in this short summary the question of relationship, I would like to mention that I can find in the Korean only 2 participles (= adnominal verbal formations) and in the Japanese only one. The two participles of the Korean are: 1) a present-perfect on *-n* and 2) a future-present on *-l* : *pon sarăm* 'the seen man' = 'the man I saw' or 'the man who saw', *pol sarăm* 'the to-see man' = 'the man one will see' or 'the man who will see, who has to see'. The participle *ponan* (the special present) is a *-n* participle of a secondary verb stem on *-nă-* (*-na-* ~ *-nï-*) which has had and still has a continuative-inchoative meaning: $k^c in$ 'large, big' (stem $k^c i$- 'to be big') ~ $k^c inin$ 'increasing, now growing' (stem $k^c ini$-). An interesting parallel is to be found in the Tungusian dialects where, as Poppe recently has shown, the present tense usually is rendered by an aorist (indefinite, general form) and a s p e c i a l present tense is formed from a continuative stem on *-ža-*. As to the participles, such words as *podën* (*podïn*), *poassïn*, *poannïn*, *poassïl*, *poattïn*, *pogessïn*, *pogennïn*, *pogessïl*, *pogettïn*, *poakkessïn*, *poassëssïn* etc. ought not to be taken as simple formations, because the contractions are here too evident: *podën*, *podïn* is = *podë in*, *poassïn* is = *poa issïn*, *poannïn* is = *poa innïn* < *poa *isinïn*, etc. etc. And if we take every possible contraction as a special form, then there are many more than 25 and the Korean grammar will appear as a real chaos. As to the *-n* formation (*mëgïn*, *pon*, *in*, *issïn* etc.) a similar participle and gerund is known in the Tungusian dialects and also in Turkish and Mongolian. The *-l* form can be traced in all Altaic languages. The Korean does not give us anything unexpected, f. i. participles[12] on -*k* or -*č*. The large amount of different kinds of old contractions is no hindrance to etymological identification.

The Turkish and the Mongolian languages have deverbal formations used for connecting a verb to another verb, in phrases which we in Europe usually unite by means of conjunctions. I have called them »converba» and Underwood in his grammar uses the name »connectives». The Korean has many converbial forms, but only three or four of them seem to have been originally simple forms. 1) -*ko*, Nkor. -*ku*, converbum aeqvitemporis, 2) -*a* ~ -*ë* converbum perfecti 3) -ke (< -*kai* ~ -*këi*) converbum futuri and 4) -*i* in *ëpsi* 'without', *nophi* 'highly', mostly found used in adverbs.

Now, it seems to me, -*ku* can correspond to -*ku*, -*xu* in Tungusian and Manchu or -*yu* (in deverbal adjectives) in Mongolian. The -*a* ~ -*ë* is a perfect »gerund», but can be identified with the Turkish »present gerund» on -*a* ~ -*ä*: Korean *tor-a odë* 'he came back' (*tol*- 'to return', *o*- < *wa*- 'to come near, to come down' = mo. *oru*-, Manchu *wa*- in *wargi* 'West') and old Turk *jana kälti* 'he came back' (*jan*- 'to return', *käl*- 'to come'). The -*kai* ~ -*këi* (now -*kē*, -*gē*) formation has a future sense and is to be found as an ending in the old future participle in Turkish: 'he will know' osm. *biläǯäk* < *bilgä* + *čäk* (dim.

ending) < *bilgä*, **bilgäi*. The *-i* form can be identified with
-i in Mongolian *büi* 'is', *ajisui* 'comes near', *darui* 'next'
and is a present-participle in Tungusian. The use of the
auxiliary[13] verb *i-* < **βi-* 'is' and its secondary *isi* < **β*
isi- 'exists' has created many converbial expressions.
Thus, I think, converbum destinationis *por^ië* 'in order to
see', *mëgir^ië* 'in order to eat' is contracted *pol* + *ië*
(fut.-part. + converb. on *-ë*) »being to see»; converbum
contemporale *pom^ië* 'while seeing, during the seeing' is
pom + *ië* (nomen verbi on *-m* + converb. on *-ë*)
»the-seeing + being». The noun on *-m* with the
emphatical particle *-in* ~ *-nin* has given *pomin*, *mëgimin*
'as to seeing', 'as to eating' = ;if one sees', 'if one eats'
and *pom^ien*, *megim^ien* (converbum conditionale) 'if one
sees', 'if one eats', 'when one sees' is a combined *pom* +
ië + *nin* 'as to being a seeing'. Converbum hypotheticum
pogëdin 'if one should happen to see' 'when one will see'
seems to be a contraction of *poge idë nin* »to-see if it
were»; besides these there are other contractions used as
conditional forms: *pogosënin* 'if one sees' = »one sees
and then», contracted of *pogo is^ië nin*, and *pom^iensë*,
contracted from *pom^ien* (see above) and *is^ië*. I have
counted some 20 converbial formations, but when
analysed there seem to remain only four as primitive
forms *-ku*, *-a*, *-kai* and *-i*. Many of these verbal
formations have a noun affixed to a participle: *poni*

»seen and then ...» < *pon* + *i*, where *i* is a noun with the sense of »thing», »fact», *poltē* 'if he sees, when one sees' < *pol* + *tai*, now *tē* 'place, occasion, circumstance', *polttä* 'when seeing' < *pol* + *ptai* 'seeing + time'. In converbum admissivum *ponā*, *mēginā* we have an interjectional particle *ā*, the same as in promissive *pomā*, *mēgimā* 'I will see' 'I promise to eat'. The same *ā* may hide in *požа*, *mëkča*[14] 'as soon as one sees', 'one eats and then at once ....' if this is *po-di-ā*, *mëk-ti-ā*. But there can have existed a verbal noun (a nomen resultativum) on *-ča*, as in Tungusian and Mongolian. The Northern Korean dialects can decide this question.

There are two verbal nouns, the *-m* (~ *-ïm*) formation; and the *-ki* (*-gi*) formation; both seem to have good equivalents in Turkish and Mongolian: *pom* 'the seeing', *mēgïm* 'the eating', *pogi* 'to see', *mëkki* 'to eat'. An *-m* formation of similar nature is well known to the Turcologists and Mongolists, and the *-ki* suffix is probably an original *-kwi*, identical with the Mongolian »infinitive» (*-qu* ~) *-qui*, (*-kü* ~) *-küi*.

The auxiliary verb *i-* and its derivate *isi-* are probably *wi-*, *wizi-* (*βi-*, *βisi-*), cfr. Tung. *bi*, *bisi* 'to be' and Jap. *iru* (< *wiru*) 'to be'. The acceptance of *wi-* would well explain the Korean »long» present tense *hadoda* (*hatōta*) besides the shorter *hada* (*hata*) 'to do', 'does' as a contraction of *hata* + *wita* »does + is».

Above has already been mentioned the s p e c i a l p
r e s e n t participle *ponan, mëŋnïn* (< *mëknïn*) as the
past participle (aorist participle) of a secondary stem
po-na-, *mëg-nï-*. The use of secondary verb stems is
very common in Korean. The language has made wide
use of a passive stem on *-βu- ~ -bu-*, *-β- ~ -b-* : *us-*
(*utta*, past tense *usëtta*) 'to laugh', passive *usub-* (*usupta*,
past tense *usuwëtta*) 'to be to laugh at, to be ridiculous'
: *hadëra* 'he made' ~ *haptëra* '(by him) it was made'. The
passive was, as reversed and impersonal, more polite and
respectful than the simple and straight form: *hamnida*
'he pleases to do' is *hăβ-nïn* + *ida*; *haon* (past. part.),
corresponding to simple *han*, and *haol* (fut. part.), to *hal*,
go back to original *hăβăn*, *hăβăl*. The converbum
perfecti *hăβă* (*hăβë*) has given *hao* and been promoted
to a polite and useful final present; *poo* 'he sees' 'I see'
is semasiologically = Japanese *mirarete* 'having been
seen'. Being originally a converb and pointing to a
closing verb, it is now final with interrogative, praying
and assuring meanings.

Another secondary verb is formed with the suffixes
-sa- (-sa)- and *-si-*, which may have been a reflexive
-sa- and perhaps its factitive on *-i-*. The suffixes can be
piled up, i. e. from a secondary verb another can be
formed and so on ad libitum, politeness demanding more
and more passives and reflexives: »he goes» is rude, but

»it is a going, as to him», or still more »by him, it is a being a going» »it is a happening of being gone» are polite and show due respect. »Let's see!» would in plain simple speech be optative *posē*, orig. **posai*, perhaps **po-sui*, with *-sui* corresponding to Turk. *-sun*, Mong. *-su*, but one ought not to be rude or too prompt and has to say a friendly *popseda*, *popsida* 'let us see' orig. *po-β-se ida*, the optative of the passive *pob-*, *poβ-* and the auxiliary *ida*, but politely one can say *posipsida* or better *popsipsida* 'please may it be a being seen'. »He sees» = *poda*, politely *poo*, still better *posio*, and much better *popsio*, *posipsio*. The *-nă-* stem is also taken as a foundation for a passive: *paranōni* 'as I hope' *paranōra* 'I am hoping' (< *parānăβăn + i, parānăβă + ra*).

As to deverbal nouns, we find f. i. *pï-gak* 'a sickle' (from *pï-* 'to mow') formed with a suffix *-*kak*; cfr. Turk. *byčaq* 'knife' (< *byč-γaq*), *qapqaq* 'lid' from *qap-* 'to close'. Many other interesting endings could be mentioned, but must be omitted for the present.

The cases of the nominal declension seem originally to have been: a nominative without ending, a subject form with a determinating *-i*, a genetive with a suffix **-iń ~ *-ń*, a locative with the suffixes *-*kai ~ -*këi, -kăi ~ kïi*, variant -*ai* ~ *ëi*, *ăi* ~ *ïi*, now -*e* ~ -*ge*, and casus directivus on -*ru*, now Skor. -*ïro*, -*ro*, -*lo*, Nkor. -*llu*, -*llï*, -*ru*, -*rï*.

The similarity of these suffixes with the Altaic cases is evident. Also the etymology of the most important part of the original words for primitive objects and ideas points in this same direction. I must leave this subject now, but may mention some words: *čëlmëgi* 'youngster, child' < *ʒermegi*, Mong.-Turk. *ʒermeg (still to be found in NW of Mongolia) > Hungarian *gyermek* 'child'; *ē̄ rūsin-nē* 'the old man, the father' from *ē̄rū-* = Turk, *örü-* 'to be old' and *năi* 'man' 'homo' = Goldi *nai, ne, ńi* 'Mensch'; *al* in locative *arä*, *arē* 'under' and, Turk, *al-* 'under'[15], *ög, üg* in *uh > ū-* 'over', tung. *ug-* 'over'; *agari* 'mouth' (a very rude word) = Turk. *ayyz* 'mouth', *mal* 'speech' = Mong. *mala in *kelegei-malagai* (Ordos) 'bègue' 'mute', etc.

The result of etymological researches will, as far as I can see, once for all fix the Korean language in its proper place as an old branch of a large East-Asiatic group, from which the Mongoloturcicum separated earlier, while another group, the Tungusian, remained closer to the Korean, from which it also got Chinese loanwords. The traditional and unconvincing »Uraloaltaic» theory must be removed farther away, as the center of the Altaic world locates itself on the Western and Eastern slopes of the Hingan mountain range. I hope there will be an opportunity for me to publish something concerning the etymological side later on. The above lines may be considered only as a short precursory introduction.

Helsinki, August 3, 1928.

———————————

▶▶ 역자 주

1) 원문에는 'frontvowel'로 되어 있다.
2) 원문에는 닫는 소괄호가 없다.
3) 원문에는 여는 작은따옴표가 없다.
4) 원문에는 front의 long과 short에 나열된 모음들 사이에 쉼표가 없다.
5) 원문에는 'undistingishable'로 되어 있다.
6) 원문에는 'preceeding'으로 되어 있다.
7) 원문에는 별표(*)가 없다.
8) 원문에는 여는 꺾쇠와 별표(< *)가 없다.
9) 원문에는 별표(*)가 없다.
10) 원문에는 'har'로 되어 있다.
11) 원문에는 닫는 괄호가 없다.
12) 원문에는 'partiples'로 되어 있다.
13) 원문에는 'auxialiary'로 되어 있다.
14) 원문에는 'mēkča'로 되어 있다.
15) 원문에는 닫는 작은따옴표가 없다.

한국어에 대한 관견

G. J. 람스테트

　오늘날의 한국어 ─ 각지의 모든 방언을 포함한 구어와 문자 매체를 통한 문어 둘 다 ─ 에는 전체를 이루고 있는 두 가지, 아니 세 가지 요소가 있다.

　첫 번째 요소는 예로부터 전해 내려온 오래된 단어, 문법적 형식과 어미, 그리고 구를 구성하는 방식이다.

　두 번째 요소는 외국에서 전해 들어온 것으로, 이르거나 늦은 시기에 중국어로부터 차용된 단어와 차용된 표현들이다.

　세 번째 요소는 특히 중요한 역할을 하는 것으로 보이고, 새로 만들어진 "신어(neuschöpfung)"로 이루어져 있다. 신어는 어느 정도 의성어적인 특성을 가지고, 소리나 움직임을 묘사하며, 때때로 임시변통으로 만들어지기도 하는데 이는 더 오래된 단어, 특히 부사의 결핍에 기인하는 것이다.

　물론, 비교 연구에 가치가 있는 것은 오직 기원적인 한국어의 오래된 단어뿐이다. 오래된 구조는 "문명화(civilisation)"와 "세련됨(refinement)"의 상징인 중국식 사고방식과 중국어 단어들의 방대한 차용 아래에서 분명 상당히 위축되었음을 상기해야만 한다. 그러므로 여러 면에서 한국어는 독자적인 발달이 막혀 있었고 가장 중요한 것들의 상실을 겪어 왔다. 그러한 이유로 한국어는 빈곤해 보인다. 예를 들어 퉁구스어 방언들과 비교해 보면 때때로 퉁구스어가 오래된 고유한 단어들을 더 잘 갖추고 있음을 보게 된다. 모든 퉁구스어 방언에는 모든 동물과 인간 신체의 중요한 부분인 "간(liver)"에 대한 단어가 있지만 지금의 한국어에는 중국어 차용어만 있는 것 같다.

 방언들이 충분하게 연구되지 못했기 때문에 한국어의 이전 발달에 관한 완전한 개요를 제공하는 것은 시기상조의 일이다. 하지만 만약 우리가 가장 잘 알려진 사실들로부터 벗어나지 않는다면 우리는 다음과 같은 점들, 1) 음운 체계, 2) 문법 요소에 따른 언어의 구조, 3) 원시 한국어 단어의 어원론에 대한 조사를 수행해 볼 수 있을 것이다.

I. 음운

A. 모음

 경성(서울)에서 말해지고 현대 문헌에서 사용되는 남부 한국 표준어의 모음은 *a, o, u, ë, ï, i* 이다. 하지만 한국어 문자는 하나가 더 있다. 그것은 특수한 모음, 즉 약화된 후설모음을 위한 기호로 여겨지는 "단음 a(short a)"인데, 영어의 cup (*kap*), one (*wan*), club (*klab*)에서의 *a*와 비슷하다. 이 모음은 *a* 또는 *ï* 중의 하나로 바뀐다(*hănăn* > *hanan, hanïn* "하는(doing)"). 모음 *ï* 는 터키어 *qyz* "소녀(girl)"의 *y* 또는 러시아어 *рыба* (*rī᾽ba*) "물고기(fish)"의 (장음인) *ы* 처럼 고설복합모음이다. 중설복합모음 *ë* 는 영어 girl, world의 *ɛ* 또는 *ɜ* (*ɵ*) 보다 낮거나 그 정도이다. 모음 체계는 다음과 같을 것으로 생각된다.

|(후설)| | *ï* | | *i* | (전설)|

```
         u        |        ë
         |        a        |
         o                 a
```

언어 변이에 있어서 지금 우리는 다음과 같은 예들을 확인할 수 있기 때문에 우리는 오늘날 여전히 한국어가 분명한 모음조화를 가지고 있다는 것, 다시 말해 접미사 내의 어떤 모음이 어간 모음의 특성에 따라 변이된다는 것을 발견할 수 있다. *poatta* (< *'poa + itta*) '보았다'와 *čugëtta* (< *čugë itta*) '죽었다', *nalgā* (< *nal-gai*) '날개'와 *čigē* (< *či-gëi*) '지게'에서 *a* ~ *ë* 변이를, *toro* '도로'와 *turu* '두루', *paro* '바로'와 *nëmu* '너무'에서 *o* ~ *u* 변이를 확인할 수 있다.[1] 모음들은 두 가지 부류, 1) 후설모음 *a, o, a* 와 2) 전설모음 *ë, u, ï* 로 묶인다.[2] 이 사실은 이전 시기의 발음과 관련되는 어떤 사실들을 드러내 준다.

북부 한국어 *kagu* '가구' = 남부 한국어 *kago* '가고'와 북부 한국어 *tu* '두' = 남부 한국어 *to* '도'를 참조해 보면, 후설모음 *'u* 는 *o* 에서 온 것처럼 보인다.

o 의 전설모음 변이형으로서의 모음 *u* 는 이전 시기의 *ɯ* 또는 *ü* 까지 거슬러 올라간다(일본어의 *u* 또는 스웨덴어의 *u* 와 같은 *ɯ*). 달리 말하면, 이는 원시 한국어의 *ü* 가 뒤로 이동해 왔고 지금은 *u* 가 되었음을 의미한다(*čugëtta* < *čüg-ä* + *'ista*) "죽었다(dead is)".

지금의 *ë* 가 *a* 에 대응할 때(*'či-gëi* ~ *'nal-gai*), *ë* 의 본래 음은 분명히 넓은 *e* (*ɛ* 또는 *ä*)이었을 것이고, 이 넓은 *e*- 음의 발달은 만주어, 골디어, 부리야트어에서 우리가 발견하는 것과 평행하다. 이 언어들은 기원적인 *e* 에 대해 넓은 후설모음 *ë* (*ö*)를 공통적으로 가지고 있다.

"단음 a(short a)" *ă* 또는 *a* 는 단음이나 약화된 후설모음 *a, o* 또는 *'u* 로

거슬러 올라가는 것처럼 보이고 중국어의 약화된 후설음에 대한 대체음 또는 가장 가까운 음의 역할을 해 왔다. *sa* > *sa* '사(四)' = 중국어 ^d*zë*, 일본어 *shi* '사(四)'를 참조할 수 있다. *a* 가 후설모음이었을 때, 단음인 *i*는 *a* 에 대한 전설모음 변이형이었고, 그 예로는 *sal-* '살다'에서 온 *saram* '사람'(본래 '삶')과 *čuk-* '죽다'에서 온 *čugim* '죽음'이 있다.3) 그러므로 기원적으로 모음은 다음과 같았을 것이다.

1) 후설: 장음 *a, o, u* 2) 전설: 장음 *ä, ö* ?, *ɯ*
   단음 *ă, ŏ, ŭ*   단음 *ä, —, ŭ, i*

   이것들이 만약 구개음화되면 후행하는 전설모음 또는 구개음화된 자음의 영향 때문에 기원적인 *a* 는 '*ä* > *ë* 로, 기원적인 '*o* 는 *ȫ* > *ɯ* > *u* 로, 기원적인 '*a* 는 *i* 로 바뀐다. 만약 순음화되면 *a* 는 *o* 로, *ɛ* (*ä*)는 *u* 로, *i* 는 *u* 로 변한다. 이러한 변화는 *pal* '발' (몽골어 *alqu-* '밟다' < '*qal-qu-* < *pal-qu-* 참조), 한국어 *palp-*, *polp-* '밟다', *pal s'ën* > 북부 한국어 *pašën* '버선' *pȫsën*, 남부 한국어 *pësën* 에서 찾을 수 있다. *mal* '말', 북부 한국어 *mar*, 남부 한국어 *mal* < '*mŏr* = 몽골어 *mori*, *morin* '말' *mor-da-* '타다'에서 확인되듯이, *a* 모음은 단음 *a* 와 거의 비슷하게 소리 났고 지금은 이전 시기의 *a* 와 구별할 수 없다. *mul*, 방언의 *mil* '물' = 몽골어 *müren* '강', *til*, 방언의 *tul* '들' = 골디어 *dul* '들'에서와 같이, 기원적인 '*ü* 의 경우 지금 이것은 *u* 또는 *i* 이다.

   i 를 가진 이중모음들은 *ai* > *ā̈*, *ëi* > *ē*, *oi* > *wē* > *ȫ*, *ui* > *wī* > *ü* 등 전설 장모음으로 발달해 왔고, 따라서 *ä, e, ö, ü* 는 수세기 동안 쓰이지 않다가 *i* 의 영향의 결과로 다시 나타나게 된다.

B. 자음

파열음(*k, t, p, č*)에는 오래된 두 가지 계열이 있다. 더 강력하거나 기식성이 있는 계열과, 더 약하거나 기식성이 없는 계열이다. 기식성이 없는 파열음은 유성이거나 무성, 즉 현재 발음되는 것과 같은 유성 파열음이나 무성 파열음이었는데, 특별한 조합에서는 요즘 들을 수 있는 것처럼 무성 파열음(*G, D, B, ȝ*)으로도 발음된다. *kada* 또는 *kata* '가다'는 *k*가 전적으로 어두에 있을 때에는 *kaDa* 또는 *kada*로 발음되지만 선행하는 음이 유성음이면 *GaDa, gada*로 발음된다. *tora-gada* '돌아가다', *tora-gage, tora-Gage* '돌아가게'가 그 예이다. 여기서 *-ge* < '*gëi*는 *-këi*로 적히는데 *mëkkëi* > *mëkke* '먹게'에서의 *-'këi*에 대응된다. 기식음은 그 기식성에서 동일한 조음위치의 더 약한 음과 구별된다. 그러나 더 강하거나 약한 기식성을 갖는 *k ᶜ, t ᶜ, p ᶜ, č ᶜ*는 끝자리, 즉 어말 위치에서는 기식성을 상실하고 나중에는 외파 부분 또한 상실하여 *'k*와 *'k ᶜ, 't*와 *'t ᶜ* 등은 남아 있는 내파만으로 비슷하게 발음된다.[4]

지금의 한국어에는 단어의 시작 부분에 흥미로운 파열 겹자음 계열이 있다(*kk, tt, pp, čč, ss*). 우리는 두 자음들(파열음 *k, t, p, s*) 사이의 단음 또는 약화된 모음(*a* 또는 *ï*)이 제거되었고, 이후 길고 강조되어 발음되는 두 번째 자음이 더해지면서 자음들이 동화되었다는 것을 추측할 수 있다. 그러므로 *mopsi* '몹시' < '*mot + psïi* '못 쓰이', *somssi* '솜씨' < *son* '손' + *psïi* '쓰이'와 같은 단어들 때문에, *ssïda* '쓰다[用]'의 경우 오래된 표기인 *psïda*는 어원론적으로 옳으며 *ssïda*보다 낫다는 것이 증명된다. *ttal* '딸'(*stal, ptal, ttal*로 적힘)의 경우, 철자 *ptal*은 이 단어를 골디어 *patala* '딸'과 연관 짓는 것에 정당성을 부여한다. *ssal* '쌀'의 경우 그 기원이 *psal* < '*pasal* (몽골어 *'baȝala* '쌀' 참조)이고, *me-psal,* *čo-psal, ipsal* 등에서도 확인된다. *tto* (< *pto*) '또'는 퉁구스어 **pata,* 포페(Poppe)에 의하면 *hatama* '또'에서 등가물을 찾을 수 있다.5) *ttä* (< *ptai*) '때'는 *i-ptä* '입때', *čë-ptä* (< *ţ̌ië ptai*) '접때', *kï-ptä* '급때'에서 확인되고,6) 퉁구스어 방언에서도 대응하는 단어가 확인되는데, 포페 (Poppe)에 의하면 그것은 *hatapti* '나이든' (*-pti* 는 어미이고 어간은 *pata-* 이다.) 이다.

한국어에서 겹자음 또는 어두 자음의 장음화가 발판을 마련하면서 다른 원인들이 그 빈도를 증가시켰다. *namu-kkot* '나무꽃'에서 우리는 기원적으로 **namu-k-koč* 을 확인할 수 있는데, (후행하는 k에 동화된) 오래된 속격 접사인 맨 앞의 *k* 는 기원적으로 *ń* 또는 비음화된 *j* 였다. 현재 이것은 *-i, -ï* 또는 후속 자음의 장음화 등으로 나타난다. 예를 들면 *nunïï mul, nunmul* '눈물', 본래 "눈의 물"은 고대에는 *nunń-mul* (*nunj-mul*)로 쓰였다. 강조(emphasis)를 위해서는 겹자음화된 파열음이 연음 대신 쓰일 수 있다. *këmïn* '검은' (일본어 *kemuri* '연기' 참조), *kkëmïn* > *kkamïn* '까만'이 그 예이다.

말음과 관련된 규칙은 문제를 어렵게 만들고 명사의 곡용을 혼란스럽게 만든다. *t* 와 *tᶜ* 의 내파 부분만 들리고 어말의 s, *čᶜ, č* 가 모두 *t* 로 될 때 주격형은 더 이상 말음 *t* 의 본래 값을 보여주지 못한다. 그러므로 우리는 오래된 격 형식을 찾아보아야 한다. 다음의 예들이 있다. *kat* (*kaᵗ*) '갓', 처격형 *kasä, kase* '갓에' (< **kas-ai, kas-äi*) = 일본어 *kasa* '삿갓', 기원은 *koč* 인 *kkot* (*kkoᵗ*) '꽃', 북부 한국어 처격형 *kkoǯe* '꽃에' = 일본어 *kusa* '풀', *nat* '낫' (처격형 *nade* '낫에') = 일본어 *nata* '낫', *pat* '밭' 처격형 *patᶜe* '밭에' = 일본어 *hata, hatake* '밭'.7)

위에서 언급한 것과 같이 *namu* '나무'는 처격형이 *namge* (> *naŋge*)이고 이 단어의 기원적인 형식은 **nămăγ* 이며, *γ-* 음(마찰음 *g*)은 *nămăᵘ* >

*namō, nămū*와 같이 모음이 되었을 것이다. 하지만 오늘날도 *namaksin* '나막신' (*sin* '신')은 여전히 사용된다. 아마도 말음 γ 을 갖는 수많은 단어들이 있었을 것이다. 나는 *mū, muu* '무' = 북부 한국어 *musu*, 한정형. *mukki* (< *ˈmusuɣ*, 한정형. *musuɣ-i*), *karu* 한정형. *kalgi* '가루' (< *kal-* '갈다'에서 온 *ˈkalăɣ*), *čaru ~ čalgi* '자루(손잡이)' (< *ˈč ˡarăɣ*), *čaru ~ čalgi* '자루(가방)' (< *ˈčarăɣ*), *asu* (북부 한국어 *asï ~ äkki*) '아우', *kumu* (북부 한국 *kumu*, 한정형. *kuŋgi, kumgi*) '구멍' 등과 같은 단어들을 봐 왔다. 그러므로 *këru* '거루(배)' (< *ˈkërăɣ*)는 아마도 골디어 *gela, gella* '큰 배'에 잘 대응할 수 있고, 여기서 우리는 둘째 음절 모음의 선사시대 단계를 이해하는 데 있어 어떤 실마리를 얻을 수 있다. 발견될 수 있는 것은 γ- 마찰음 하나만이 아니다. 우리는 δ (마찰음 *d*)와 β (마찰음 *b*)의 흔적을 쉽게 찾을 수 있고 그 외에도 *h* 가 되거나 사라진 특별한 *s-* 음이 한국어에 있었음을 확인할 수 있다(위의 *mū*와 *musu, kail ~ kahïl ~ kasïl* '가을', *kët* '것', 대격형 *kësil > kël, -gël*).

마찰음 δ (영어 *these* 의 th)는 모음 사이의 위치에서는 규칙적으로 γ 이 되지만, 파열음 앞에서는 (*s* 로 표기되는) *t* 가 된다. *ˈmuδ-ta* '묻다' > 현재 *mutta* 이지만, *muδë + ista* '물었다' > 현재 *murëtta* 이다. 이것은 골디어 *mude-lisi, mude-* '질문하다'에 대응한다. 이러한 $\delta > r ~ l$ 은 왜 본래 치음을 갖는 중국어 단어가 말음에서 *l* (*r*)로 나타나는지를 설명한다. '달[月]'은 일본어 *ˈgu̯etu > getsu*, 남부 한국어 *u̯ël*, 북부 한국어 *u̯ër*, '철'은 일본어 *ˈtetu > tetsu*, 북부 한국어 *tʲ jër*, 남부 한국어 *č ˤ ël* 이다.

(*w* 보다 세거나 약한) β 의 경우 모음 사이에서는 변이음 *ˈb* 가 되었고 결국에는 완전히 사라졌다. 예를 들어 *mugē* '무게'는 동사 *mugëpta* '무겁다'의 *i-* 명사인 *ˈmugëβi* 에서 왔고, *kao* '가오' < *kaβă* 는 일차적인 *ka-* '가다'에서 온 이차적인 어간 *ka-β-* '가게 되다'의 *a-* 부동사이

다.8) 이러한 이차적인 어간의 사용은 공손하게 말할 때의 일본어에서 수동태의 사용에 대응한다.

위에서 설명된 기원적인 소리들은 다음과 같다.

경음	연음	마찰음
k^c	k, g	γ
t^c	t, d	δ
p^c	p, b	β
$\check{c}^c$	$\check{c}, \check{\jmath}$	-
$?\,s$	s	$s > h$

한국어에는 j 와 비음화된 j (또는 $\acute{n}$)가 있었다. 우리는 퉁구스어 *mäwan*, 방언. *mian, miwan* '심장'에서 그 대응물인 한국어의 더 오래된 *'mǎjǎm* '마음' > *māǎm* > *māim*, 또는 *mām* 을 찾을 수 있다. 퉁구스어 *sil, sī*, 만주어 *silhi* '쓸개'와 한국어 *ssilkäi*, 방언 *ssilkē, ssilge, ssīgē* '쓸개'도 참고할 수 있다.

l 과 r 이 하나의 음으로 취급되고 그 구별이 상실되었다는 것을 지적하는 것은 흥미롭다. 우리는 현재 남부 한국어의 *tōl* '돌', 처격형 *tōrē* '돌에'와 북부 한국어에서 본래 음이 l 이었을 것으로 추정할 수 있는 *tōr, tōrē* 를 볼 수 있다(골디어 *ǯollo, ǯolo* '돌', 원시투르크어 *'tal'* > 투르크어 *taš* 또는 *'t'al'* > 추바시어 *čul* 참조). 반면에 남부 한국어 *mal* (처격형 *mare*) '말', *mul* (처격형 *mure*) '물'은 북부 한국어 *mar, mur* 와 같고 이들은 기원적인 *'r* 을 가졌던 것으로 보이는 반면 한국어 *pulkta* '붉다', *pulgïn* '붉은', 몽골어 *ulaɣan* '붉은' < *'qulaɣan* < *'pulaɣan*, 만주어 *fulgian* 을 참조하면, *pul*, 북부 한국어 *pur* '불'은 *'l* 을 가졌던 것으로 보인다.9) 한국어에서 어두의 *'l* 은 *n* 이 되었다. (중국어 *'lok* 에서 온) 한국

어 *nok* '녹(색)', 몽골어 *nogōn*, 중국어 *lao* '늙은'에서 온 한국어 *nō-hʲëŋ* '노형(老兄)', 몽골어 *nojan* '왕자, 군주' < 중국어 *lo-je*를 참조할 수 있다. 그러나 *i* 앞에서 ʼ*li-* 와 ʼ*ni-* 는 둘 다 ʼ*ji-* (*ʝi-*)가 되었고 지금은 *i-* 로 들린다. 반면에 기원적인 어두의 ʼ*i-* 는 *ʝi-* 와 *ńi-* 로 발음되고 이러한 혼란은 이들 셋 모두를 서로 뒤섞어 왔다. 그러므로 우리는 한국어에서 *nirë* 로 기록되는 *irë nada* '일어나다'가 골디어의 *ili-* '일다(to rise)'에 대응하고, 한국어에서 오래된 문어형이 *ni* '니(치아)'인 *i* (예를 들어 *amni* '앞니' < ʼ*alpᶜ + n + ʼi-*)가 퉁구스어 *ikte* '치아'(여기서 −*kte* 는 접사)의 ʼ*i* 와 *igde-* '빗질하다' 또는 몽골어 *ide-* '먹다'의 ʼ*i* 에 대응하는 것을 찾을 수 있다.[10]

언급되어야 할 많은 흥미로운 것들이 남아 있지만 지면의 부족 때문에 한국어의 음성적 변천사만 가능한 한 짧게 개관할 수 있었다. 그럼에도 불구하고 경성(서울) 방언이 여러 측면에서 매우 모호하다는 것과 북부 한국어가 현재 경성의 *č − čᶜ* 와 같은 사례에서 가장 오래된 음들의 복원에 대한 많은 가치 있는 점들을 제공한다는 것을 덧붙이고자 한다. 예를 들면 다음과 같다.

북부 한국어	*tʲōōn* '좋은'	= 남부 한국어	*čōhïn*,	기원	ʼ*tʲoh-*
»	» *čëgïn* '적은'	= » »	*čëgïn*,	»	ʼ*čʲ ëk-*
»	» *tsar* '잘'	= » »	*čal*,	»	ʼ*čal.*

만약 우리가 *matta* '맞다[迎]', 과거형 *mažatta* (< *mač-a itta)와 *mannada* '만나다' (< *mač-na-*)를 비교하고, 동사 *kënnëda* '건너다'를 고려해 본다면, 우리는 원시적인 동사 ʼ*këč-* 를 복원해 낼 수 있는 실마리를 가지게 된다.[11] 그리고 투르크어 *käč-* '강을 건너다'와 몽골어 *kečegü* > 칼무크어. *ketsü*, 할하어 *xeʼtsʼū* '뛰어난, 매우'에 대해 생각

해 볼 수 있게 된다. 중요한 가치를 갖는 많은 발견들이 흥미를 가진 연구자를 기다리고 있다. 한국어를 현대적인 언어학적 연구에 접근 가능하게 하려는 노력이 거의 이루어지지 않은 것은 아쉬운 일이다.

II. 언어의 구조
동사의 활용

동사 활용에서, 사람들은 각각 *-ta*, *-ti*, *-të* 로 끝나는 세 가지의 오래된 "부정법(infinitive)"(이것은 동사적 명사에 대한 용어론으로서는 부적절하다.)을 찾을 수 있다. *kada* '가다', *mëkta* '먹다', *itta* (< *isĭ-ta*) '있다' 등과 같은 *-ta* 형식은 일반적인 직설법-부정법이고 이것은 그저 우연하게 유사한 퉁구스어의 *-ta*, *-da* 부정법과 매우 가깝다. 나는 고대 터키어 *boltači*, *körtäči* 등에서의 오래된 *-ta* 가 동일한 것이라고 생각한다. *-ᵗti* 형식은 (남부 한국어 *či*, *-ǯi* : *ᵗkadi*, *ᵗmëkti*, *ᵗisĭti* > 북부 한국어 *kadi*, *mëkti*, *itti*, 남부 한국어 *kaǯi*, *mëkči*, *itči* '가지, 먹지, 있지') 부정(남부 한국어 *kaǯi mot hada* '가지 못하다'), *man-in* '만은(but)' (*kaǯi man-in* '가지만은')과의 접속에서 명사처럼 사용되고, 퉁구스어 방언에서의 불확실성 또는 미래에 대한 형식에 대응한다. *-të* 는 *kadë-ra* '가더라', *mëktē* '먹데'(< *mëktë-i*), *podën* '보던' (< *podë + n*)에서의 접미사이고 과거 시제의 뜻을 가진다. 이것은 터키어의 *-dy*, *-di*, 몽골어의 *-ǯi*, *-ǯu* (-ᵗdĭ, -ᵗdi)에 의한 과거 시제에 가깝게 대응된다.[12]

한국어의 풍부한 각기 다른 동사 형식들은 언뜻 보기에 매우 복잡하고 습득하기 어렵다. 그러나 더 면밀한 분석 후에는 그들의 수가 아주 유별난 것이 아니라는 것을 알 수 있는데, 그들 중 대다수는 최근에 만들어진 축약으로 주동사의 서로 다른 형식들에 조동사 *i-* '이다', *isi-* '있다' (< ? 기원. *βi, β-si-*)의 특수한 형식들이 결합하고 (조동사의) 어간 모음 *i-* 는 탈락한 것이다. 그러므로 *poatta* '보았다'는 기원이 *poa* + *itta* '보아 있다', *pogetta* '보겠다'는 '*pogē* + *itta* '보게 + 있다', *poassëtta* '보았었다'는 < *poa* + *isi̯ë* + *itta* '보아 + 있어 + 있다'이다.13) 외국인에 의해 작성된 현존하는 문법은 대부분이 선교사의 전도 활동에 이용하기 위한 것이고, 너무 많은 오류들이 포함되어 있다. 이 것은 잘못된 방법론 또는 체계적인 사고의 결여에서 비롯된 것이다. 만 약에 *poatta* 에서 *-at-* 이 과거 시제의 어미이고 *pogetta* 에서 *-get-* 이 미래 시제의 어미라고 말한다면 우리는 어디에도 닿을 수 없다. 이 러한 접미사 또는 접요사는 결코 존재한 적이 없지만 분명히 접미사 *-a* ~ *-ë* 와 접미사 *-'kai* ~ *-'këi* 는 역사적으로 옳은 것으로서 받아들여져 야만 한다.

한국인들 사이에서 약 20여년을 살았던 독일인 선교사 에카르트 (Eckardt)는 그의 방대하지만 매우 혼란스러운 문법책에서 한국어에는 25 개의 분사가 존재하는 반면에 일본어에는 2개밖에 없고, 그러므로 이들 두 언어는 기원적으로 관련될 수 없다고 말했다. 이 짧은 요약에서 두 언어의 관련성에 대한 문제는 논의하지 않겠지만 나는 한국어에서 오 직 2개의 분사(관형적 동사 형식)와 일본어에서 단 하나의 분사를 찾을 수 있다고 언급해 두고 싶다. 한국어의 두 가지 분사는 다음과 같다. 1) *-n* 에 의한 현재 완료, 2) *-l* 에 의한 미래 현재. *pon sarăm* '본 사람' = '내가 본 사람' 또는 '누군가를 본 사람', *pol sarăm* '볼 사람' = '누군가 가 볼 사람' 또는 '누군가를 볼 사람'. 분사 *ponan* (특수한 현재)은 *k͡ʰin* '큰' (어간 *k͡ʰi-* '크다') ~ *k͡ʰinin* '크는' (어간 *k͡ʰini-*)에서와 같이, 지속상-기 동상의 의미를 가졌고 여전히 가지고 있는 *-nă-* (*-na-* ~ *-ni-*)에 의해

만들어지는 이차적인 동사 어간의 -n 분사 형식이다. 흥미로운 평행항
이 퉁구스어 방언에서 확인되는데, 포페(Poppe)가 최근에 보여준 바와
같이 현재 시제는 보통 아오리스트(aorist; 비한정형, 일반 형)에 의해
만들어지고 특수한 현재 시제는 -ʒa- 에 의한 지속상 어간으로부터 형
성된다. 분사에 관한 한, *podën* (*podïn*), *poassïn*, *poannïn*, *poassïl*,
poattïn, *pogessïn*, *pogennïn*, *pogessïl*, *pogettïn*, *poakkessïn*,
poassëssïn 등의 단어들이 단일한 형식으로서 취급되어서는 안 된다.
왜냐하면 여기서 축약은 너무나 명백하기 때문이다. *podën*, *podïn* 은
podë in, *poassïn* 은 *poa issïn*, *poannïn* 은 *poa innïn* < *poa 'isïnïn*
등과 동일하다. 그리고 만약 우리가 모든 가능한 축약형을 특수한 형식
으로 다룬다면 25개가 더 넘게 될 것이고, 한국어 문법은 정말 혼돈 상
태로 보일 것이다. -n 형식(*mëgïn, pon, in, issïn* 등)에 관해서는 유사한 분
사와 동명사가 퉁구스어 방언과 터키어와 몽골어에서도 알려져 있다.
-l 형식은 모든 알타이 언어들에서 자취를 찾을 수 있다. 한국어에는 -k
또는 -č 에 의한 분사들처럼 어떤 예상치 못한 것은 없다.14) 각기 다른
종류의 오랜 축약형의 방대함은 어원을 확인하는 데에 장애가 되지 않
는다.

유럽어에서는 보통 접속사를 사용하여 구들을 결합하지만 터키어와
몽골어는 한 동사와 다른 동사를 연결하는 데에 동사로부터 파생된 형
식을 사용한다. 나는 이것들을 "부동사(converba)"라고 불러 왔고 언더우
드(Underwood)는 그의 문법서에서 "연결사(connective)"라는 명칭을 사용하
였다. 한국어에는 다양한 부동사 형식이 있지만 그 중 서너 가지만이
기원적으로 단일 형식이었던 것으로 보인다. 1) 등시(等時)의 부동사
-*ko*, 북부 한국어 -*ku*, 2) 완료의 부동사 -*a* ~ -*ë*, 3) 미래의 부동사 -*ke*
(< -'*kai* ~ -'*këi*), 4) *ëpsi* '없이', *nophi* '높이' 등 부사에서 사용이 확인

되는 *-i*.

내가 보기에 현재 *-ku* 는 퉁구스어와 만주어의 *-ku* 와 *-xu* 에 대응될 수 있고 몽골어의 (동사에서 파생된 형용사의) *-γu* 에 대응될 수 있다. *-a ~ -ë* 는 완료의 "동명사(gerund)"이지만, *-a ~ -ä* 로 표시되는 터키어이의 "현재 동명사(present gerund)"와 동일시될 수 있다. 한국어 *tor-a odë* '돌아오데' (*tol-* '돌다', *o-* < **wa-* '오다' = 몽골어 *oru-*, 만주어 *wargi* '서쪽'의 *wa-*)와 고대 투르크어 *jana kälti* '그가 돌아오다' (*jan-* '돌아오다', *käl-* '오다'). *-kai ~ -këi* (지금의 *-kē ~ -gē*) 형식은 미래의 의미를 가지고 있고 터키어의 오래된 미래 분사의 어미로서 확인된다. '그가 알 것이다'의 오스만어 *biläʒäk* < *bilgä* + *čäk* (지소사 어미) < *bilgä*, **bilgäi* 를 참조할 수 있다. *-i* 형식은 몽골어 *büi* '이다', *ajisui* '접근하다', *darui* '옆'에서의 *-i* 와 동일시될 수 있고, 이것(*-i* 형식)은 퉁구스어의 현재-분사이다. 조동사 *i-* < **βi-* '이다'와 이것의 이차적인 어간 *isi* < **βisi-* '있다'는 수많은 부동사적 표현들을 만들어 낸다. 그러므로 내가 생각하기에 목적의 부동사 *por'ë* '보려', *mëgir'ë* '먹으려'는 "보게 되는 것"인 *pol* + *ië* (미래 분사 + *-ë* 로 표시되는 부동사)가 축약된 것이다. 동시의 부동사 *pom'ë* '보며'는 "보는 것 + 있는 것"인 *pom* + *ië* (동사 *-m* + *-ë* 로 표시되는 부동사)이다. *-m* 을 가지는 명사와 강조의 불변화사 *-in ~ -nin* 이함께 쓰이면 *pomin* '봄은', *mëgimin* '먹음은'이 되고 '누군가 보면', '누군가 먹으면'과 같으며, *pom'ën*, *megim'ën* (조건의 부동사) '보면', '먹으면'은 *pom* + *ië* + *nin* '보며는'이 결합된 것이다. 가정의 부동사 *pogëdin* '보거든'은 "그런지 아닌지 보는" *poge idë nin* 의 축약처럼 보인다. 이것들 외에도 조건 형식으로 사용되는 다른 축약형들이 있다. "누군가 보고 그리고 나서"의 *pogosënin* '보고서는'은 *pogo is'ë nin* 의 축약이고, *pom'ënsë* 는 *pom'ën* (위를 보라)과 *is'ë* 의 축약이다. 나는

20여 개의 부동사 형식을 인정해 왔지만, 분석하면 *-ku, -a, -kai, -i* 의 네 가지만이 원초적인 형식으로 남아 있는 것 같다. 동사 형식의 다수는 분사에 접미된 명사를 가진다. "보고 나서"의 *poni < pon + i* 에서 *i* 는 "것", "사실"의 뜻을 가지는 명사이고, *poltē* '볼 데' *< pol + tai* 에서 지금의 *tē* 는 '장소, 경우, 상황'이며, *polttä* '볼 때' *< pol + 'ptai* 는 '보는 것 + 시간'이다. 허용의 부동사 *ponā, mëginā* 에서는 감탄의 불변화사 *ā* 를 찾을 수 있고 이는 약속의 *pomā* '보마', *mëgimā* '먹으마' 에서의 *ā* 와 같다. *poža* '보자(마자)', *mëkča* '먹자(마자)'가 만약 *'po-di-ā, 'mëk-ti-ā* 라면, 여기에도 동일한 *ā* 가 숨겨져 있을지도 모른다. 그러나 여기에는 퉁구스어와 몽골어에서처럼 *'-ča* 에 대한 동사적 명사(결과 명사)가 존재해 왔을 수 있다. 북부 한국어 방언은 이 문제를 결정지을 수 있다.

두 종류의 동사적 명사, *-m* (~ *-ïm*) 형식과 *-ki* (*-gi*) 형식이 있다. *pom* '봄', *mëgïm* '먹음', *pogi* '보기', *mëkki* '먹기'가 그 예이다. 둘 다 터키어와 몽골어에 좋은 등가물을 가지는 것으로 보인다. 비슷한 성질의 *-m* 형식은 터키어학자와 몽골어학자들에게 잘 알려진 것이고, *-ki* 접미사는 아마도 기원적인 *-kwi* 일 것인데 이것은 몽골어의 "부정법" (*-qu* ~) *-qui,* (*-kü* ~) *-küi* 와 동일하다.

퉁구스어 *bi, bisi* '있다'와 일본어 *iru* (*<'wiru*) '있다'를 참조하면, 조동사 *i-* 와 그 파생형 *isi-* 는 아마도 *'wi-, 'wizi-* (*'βi-, 'βisi-*)일 것이다. *'wi-* 의 수용은 한국어 단형의 현재 시제 *hada* (*hata*) '하다' 외에 "장형의" 현재 시제 *hadoda* (*hatōta*)를 "하다 + 이다"인 *hata + wita*의 축약으로 잘 설명할 수 있다.

위에서 이미 특수한 현재 분사 *ponan, mënnïn* (*< mëknïn*)을 이차적인 어간 *'po-na-, 'mëg-nï-* 의 과거 분사(아오리스트 분사)로 언급하였다.

이차적인 동사 어간의 사용은 한국어에서 매우 흔하다. 한국어에서는 -
βu- ~ -bu-, *-β- ~ -b-* 를 갖는 수동형 어간이 널리 사용된다. *us-*
(*utta*, 과거 시제 *usëtta*) '웃다'의 수동형 어간은 *usub-* (*usupta*, 과거 시제
usuwëtta) '우습다'이고, *hadëra* '하더라'의 수동형 어간은 *haptëra* '합
더라'이다. 수동형은 (참여자 간의 힘의 방향이) 역전되고 비인칭적인 것으
로서 단순하고 직접적인 형식보다 더 정중하고 공손하다. *hamnida* '합
니다'는 '*hăβ-nïn* + '*ida* 이고, 단순형 *han* 과 *hal* 에 대응하는 *haon*
(과거 분사)과 *haol* (미래 분사)은 기원적인 '*hăβăn*, '*hăβăl* 로 거슬러 올라
간다.[15] 완료의 부동사 '*hăβă* ('*hăβë*)는 *hao* 를 만들어 냈고 이것은 공
손하고 유용한 문말의 현재 형식으로 촉진되어 왔다. *poo* '보오'는 의
미론적으로 일본어의 *mirarete* '보였다'와 같다. 기원적으로 부동사인
것이고 동사를 마무리짓는 것을 가리키면서, 이것은 이제 의문, 기원,
확언의 의미를 가지는 문말 요소가 되었다.

또 다른 이차적인 동사는 접미사 *-sa- (-sa)-* 와 *-si-* 를 통해서 형성
된다. *-si-* 는 재귀적인 *-sa-* 와 아마도 그것에 *-i-* 가 결합된 사역형일
지도 모른다. 접미사는 누적될 수 있다. 즉 이차적인 동사로부터 다른
것들이 형성될 수 있고 한층 더 수동적이고 재귀적일 것을 요구하는 공
손성이 마음대로 추가될 수 있다. "he goes"는 무례하지만, "it is a
going, as to him.", "by him, it is a being a going", "it is a happening
of being gone"으로 갈수록 점점 더 공손하고 존경심을 보여준다. "보
자"는 평범하고 단순한 발화에서 기원(祈願)적인 *posē* 이다. 이것은 기원
적으로 '*posai*, 아마도 '*po-sui* 일 것인데, 여기서 *-sui* 는 투르크어의
-sun 과 몽골어의 *-su* 에 대응한다. 그런데 누구도 무례하거나 너무
즉각적이어서는 안 되고 친근하게 *popseda*, *popsida* '봅세다', '봅시다'
라고 해야 하며, 기원적으로 이것은 수동형인 *pob-*, *poβ-* 의 기원적(祈

願的) 형식과 조동사 *ida*로 이루어진 *po-β-se ida* 이다. 사람들은 공손하게 *posipsida* '보십시다'라고 말하거나 더 공손하게 *popsipsida* 라고 말할 수 있다. "보다"는 *poda* 이고 공손하게는 *poo* 이며 더 공손하게는 *posio* 이고 훨씬 더 공손하게는 *popsio, posipsio* 이다. *paranōni* '바라노니', *paranōra* '바라노라' (< *parānăββăn + i, arānăββă + ra*)와 같이 어간 *-nă-* 또한 수동형을 위한 토대로 사용될 수 있다.

동사에서 파생된 명사의 경우, 예컨대 (*pï-* '베다'에서 온) *pï-gak* '낫'은 접미사 *-ʼkak* 으로 만들어진 것이다. 투르크어 *byčaq* '칼' (< *byč-γaq*), *qap-* '닫다'로부터 온 *qapqaq* '뚜껑' 참조할 수 있다. 다른 많은 흥미로운 어미들을 언급할 수 있지만 지금은 생략하기로 한다.

명사 곡용의 격은 기원적으로 다음과 같았을 것으로 보인다. 주격은 어미가 없고, 주어 형식은 한정의 *-i* 를 가지며, 속격은 접미사 *ʼ-iń ~ ʼ-ń* 를 가지고, 처격은 접미사 *-ʼkai ~ -ʼkëi, -kăi ~ kii*, 변이형인 *-ai ~ ëi, ăi ~ ii*, 현재의 *-e ~ -ge* 를 가지고, 방향격은 *-ru*, 현재의 남부 한국어 *-iro, -ro, -lo*, 북부 한국어 *-llu, -llï, -ru, -rï* 를 가진다.

이들 접미사와 알타이어 격의 유사성은 분명하다. 또한 원초적인 사물과 생각에 대한 기원적인 단어들의 가장 중요한 부분의 어원은 이와 같은 방향을 가리키고 있다. 나는 지금은 이 주제를 남겨두어야 하지만 일부 단어들을 언급해 두고자 한다. *čëlmëgi* '젊은이' < *ʼʒermegi* 는 몽골어와 투르크어의 *ʼʒermeg* (몽골의 북서부에서는 지금도 발견됨) > 헝가리어 *gyermek* '아이'와 관련이 있다. *ērū* 에서 온 *ērūsin-nē* '어르신네'는 투르크어 *örü-* '늙다'와 *năi* '남자'와 같고 골디어의 *nai, ne, ńi* '사람'과 같다.16) 처격 *arä*, *arē* '아래'의 *al* 과 투르크어 *al-* '아래', *'uh >
ū-* '위'에서의 *'ög*, *üg* 와 퉁구스어 *ug-* '위', *agari* '아가리' (매우 무례한
단어)와 투르크어 *ayyz* '입', *mal* '말'과 몽골어 *kelegei-malagai* (오르도
스 지역) *'mala* 는 '말을 더듬는', '말없는' 등이 서로 관련이 있다.

　내가 이해하는 한, 어원적인 연구의 결과는 단번에 한국어를 직질한
자리에, 즉 넓은 동아시아 언어권에서의 오래된 분기로 고정시킬 것이
다. 동아시아 언어권에서 몽고-투르크어족은 좀 더 이른 시기에 분리된
반면 퉁구스어라는 또 다른 집단은 중국어 차용어를 갖는다는 점에서
한국어와 가깝게 남아 있었다. 알타이 세계의 중심부 자체는 흥안령 산
맥의 서부와 동부 사면에 위치하므로 전통적이지만 설득력이 없는 "우
랄-알타이" 이론은 멀리 치워져야 한다. 나는 추후에 어원적인 측면에
대해 살핀 연구를 출간할 기회가 있기를 희망한다. 위의 내용은 간단하
고 예비적인 서설(序說)로서만 고려될 수 있을 것이다.

　1928년 8월 3일, 헬싱키.

―――――――

(도재학 옮김)

➤ 역자 주

1) 원문에는 '날개'와 '지게'의 예가 'o ~ u 변이'의 예로 제시되어 있었다. 이것은 오류인 것으로 보고 번역문에서는 'a ~ ë 변이'로 수정하였다.

2) 한국어의 양성모음과 음성모음의 모음조화를 이야기하는 맥락이다. 엄밀히 따지면 한국어는 전설모음과 후설모음의 대립을 보이지는 않는다. 자연부류로 묶이지 않는 모음들이 조화를 이루는 것을 사선적 모음조화라고 부르기도 한다.

3) 접사 '-암/엄'과 '-ㅁ/음'은 다른 것인데 혼동이 있었던 것으로 생각된다. '사람'의 형태음운론적·의미론적 대립쌍은 '주검'이다.

4) 20세기 초부터 사용되어 온 내파(implosion)라는 용어는 한국어 파열음의 음절 말 평폐쇄음화 현상을 설명하기에 적절치 못하다. 최근에는 비개방(unreleased)을 함축하는 '불파' 또는 '미파'와 같은 용어가 많이 사용된다.

5) 현대 한국어 부사 '또'의 15세기 어형은 '*또'가 아닌 '쪼'이므로, 적어도 15세기 기준으로는 저자의 어원 추정을 받아들이기 어렵다.

6) 현대 한국어 의존명사 '때'의 15세기 어형은 '*때'가 아닌 '빼'이므로, 적어도 15세기 기준으로는 저자의 어원 추정을 받아들이기 어렵다.

7) 여기서는 '-이'나 '-가'가 결합하지 않고 평폐쇄음화가 이루어지고 난 형식을 주격형으로 보고 있어서, [갇], [꼳], [낟], [받]을 각각 '갓', '꽃', '낫', '밭'의 주격형이라고 설명하고 있다.

8) 현대 한국어의 종결어미 가운데 하오체의 기원에 대해서는 여러 가지 견해가 있으나, 객체 높임 선어말어미 '-숩-'을 포함하는 종결어미의 말음이 절단된 어형에서 발달하였다고 보는 것이 일반적이다. 따라서 저자가 '이차적인 어간의 a-부동사형'이라고 설명한 것은 옳다고 하기 어렵지만 '-숩-'의 말음은 순경음 ㅂ, 즉 '병 /β/'이므로 음운적인 측면에서는 상당히 통찰력 있는 견해라고 할 수 있다.

9) 이 글에서는 음절 말 유음의 음가로 남부 한국어에는 'l'을, 북부 한국어에는 'r'을 할당하고 있다. 이것은 저자가 북부 한국어를 연구하면서 20세기 초 러시아 카잔(Kazan)에서 간행된, 함경북도 육진 방언이 전사된 문헌을 참고하였기 때문이다. 이들 문헌에서는 음절 말 /ㄹ/을 모두 [r]로 전사하고 있다.

10) 저자는 '일어나다'와 '이'에 대응하는 고어형 또는 문어형이 '닐어'와 '니'인 것에 대해, /i/ 모음 앞에서 /n/의 유무에 혼란이 있었기 때문에 'ㄴ'을 포함한 표기가 나타나는 것으로 해석하고 있다. 그러나 /i/ 모음 앞에서 /n/의 유무에 혼란이 없었던 15세기에도 '일어나다'의 의미를 지닌 단어는 '닐다'였고 '이'의 의미를 지닌 단어는 '니'였으므로, 이와 같은 해석은 받아들이기 어렵다.

11) 현대 한국어 '건너다'는 '걷-[步]'과 '나-[出]'가 결합된 복합 동사로, 15세기에 '걷나다', '건나다', '걷너다', '건너다' 등의 형태로 나타난다. 이 가운데 '건나다'는 '걷나다'에 자음동화가 반영된 형태이고, '걷너다'는 '걷나다'에 모음조화가 반영된 형태이며, '건너다'는 '걷너다'의 자음동화가 반영된 형태이다. 따라서 '맞다'-'만나다'에

유추하여 '건너다'의 'ㄴ'이 'ㅈ'에서 기원한 것으로 본 저자의 추론은 받아들이기 어렵다. 또한 '건-'의 의미는 두 발로 걷는 것이므로 투르크어의 '강을 건너다'의 의미를 갖는 단어와 직접 대응시키는 것에는 무리가 있다.

12) 동사 활용과 관련하여 부정법 형식을 이렇게 세 가지로 보는 것이 타당한지에 대해서 검토가 필요하겠다. 특히 '-더-'는 선어말어미이므로 어말어미인 '-다', '-디'와 달리 선행 요소와 함께 자립성을 지니지 못한다는 점에서 계열적으로 취급되는 것은 문제가 있다. 아마도 '-다, -디, -더' 라는 음성상의 유사성을 바탕으로 세 가지 형식을 계열적으로 설정한 것이 아닌가 생각된다.

13) '-었-'의 기원을 '-어 있-'으로 본 것은 타당하나, '-겠-'은 '-게 있-'이 아닌 '-게 하였-'에서 기원했다고 보는 것이 다수설이다. '-었었-'은 '-어 있-'에서 기원한 '-었-'이 통시적으로 완전히 문법화한 뒤에 나타나는 형태로 '-었-'의 중복으로 보는 것이 일반적인 견해이다. 따라서 '-어 이셔 있-'에서 기원하였다고 보기는 어렵다.

14) 원문에는 partiple이라고 되어 있는데, participle의 오기로 보고 분사로 번역하였다.

15) 기원적으로 '합니다'는 'ᄒᆞᆸᄂᆞ이다'와, '하온', '하올'은 각각 'ᄒᆞᄫᆞᆫ', 'ᄒᆞᄫᆞᆯ'과 관련이 있는데, 통시적인 변화 과정에서 'ᄫ'가 사라지고 'ᄫ'이 '오'로 변한 것이다. 따라서 '합니다'의 기원을 'ᄒᆞᆸ-는+이다'로 보거나, '하온', '하올'의 기원을 'ᄒᆞᄫᆞᆫ', 'ᄒᆞᄫᆞᆯ'로 보기는 쉽지 않다.

16) '어른', '어르신'에서 나타나는 '얼-'은 기원적으로 '얼-[娶, 交接]'과 관련되고 이것은 다시 '얼-[得]'과 어휘적으로 연관될 것으로 생각되나 분명치 않다. 따라서 투르크어의 örü-와 직접 관련시키는 것은 조심스럽다. 또한 '-네(< 내)'는 15세기부터 존칭의 복수(複數)를 나타내기 위해 사용된 접미사이므로 투르크어나 골디어의 '남자, 사람'을 나타내는 단어와 기원이 같을 가능성은 높다고 하기 어렵다.

Урало-алтайская теория
в свете советского языкознания

Н. ПОППЕ

Так называемая урало-алтайская теория принадлежит к еще неизжитым лингвистическим теориям, являющимся наследием буржуазной науки. Хотя за последнее время интерес к ней значительно ослабел даже среди самих буржуазных лингвистов (быть может, временно), тем не менее она научно не была опровергнута и потому продолжает существовать.

Начало урало-алтайского языкознания относится к первой половине XVIII ст.: именно в этот период вышел в свет труд шведского офицера Иоганна фон Страленберга, попавшего в битве под Полтавой в плен и проведшего много лет в качестве военнопленного в восточной части России и в Сибири. Страленберг сделал безусловно ряд ценных наблюдений над языками многих народов. В труде его собраны первые фактические данные, как, например, словарь калмыцкого языка. Труд этот в гораздо большей степени заслуживает также нашего внимания, как первая попытка отнести рая языков в единой группе. Объединяя сближаемые в языковом отношении народы под общим названием «татарских», Страленберг впервые дает классификацию их и разбивает устанавливаемую им семью народов на следующие группы: 1) уйгуров, под которыми подразумеваются финно-угорские народы, барабинцы и гунны, 2) тюрко-татар, 3) самоедов, 4) монголов и манджуров, 5) тунгусов, 6) племен, обитающих между Черным и Каспийским морями[1]. Классификация эта не соответствует позднейшим научным исследованиям и во многом совершенно неправильна. Тем не менее она заслуживает внимания как первая классификация. Правда, Страленберг объединил ряд языков в одну группу совершенно стихийно. Он не привел в обоснование своей классификации каких-либо серьезных для лингвиста доводов. Впрочем этого от него нельзя было и требовать: о большинстве объединяемых им языков в то время почти ничего не было известно. Следует особо отметить то обстоятельство, что объединение этих языков в одну группу, получившую впоследствии название урало-алтайской, произошло значительно раньше того, как языки эти начали изучаться. Другими словами, теория или, вернее, гипотеза о родстве этих языков появилась раньше описательных работ по этому вопросу, который был снова поднят датским лингвистом Раском, почти столетие спустя после выхода в свет труда Страленберга. Раск дал этой группе название «скифских языков». В результате «скифская» группа Раска обнимает

---

1) Der Nord und Östliche Theil von Europa und Asia, von Philipp von Strahlenberg, Stockholm, 1730.

языки, распространенные в Гренландии, северной части Америки, Азии и Европы, а также на Кавказе. К «скифским» языкам были причислены и языки доиндоевропейского населения Испании и Галлии»[2]. «Скифская» группа обнимает не только тунгусские, монгольские, тюркские, финно-угорские, самоедские языки, но и языки эскимосов, палео-азиатских народов, народов Кавказа, басков и исчезнувшего яфетического населения Испании и других стран Европы.

В XIX ст., особенно в середине его, языкознание поднялось на значительную высоту. В частности были выработаны принципы сравнительного изучения языков. Индоевропейское сравнительное языкознание к тому времени уже существовало. Как раз к середине прошлого столетия относятся выдающиеся труды В. Гумбольдта, оказавшие значительное влияние на теорию о родстве «татарских» или «скифских» языков. В качестве одного из наиболее характерных признаков этих языков, резко отличающих их от флективных индоевропейских языков, считался их агглютинативный строй. Именно на основании этого признака, а также общего для значительной части объединявшихся в названные группы языков закона сингармонизма гласных, в группу перечисленных уже языков М. Мюллер включил еще сиамский, тибетский, южно-индийские и малайские, предложив для этой расширенной группы название «туранской»[3]. Туранизм в общем совпадает со «скифской»

---

2) Den skytiske Sprogaet. Sammlede tilldels forhen utrykte Afhandlingen at R.K. Rask.

теорией Раска, отличаясь от нее лишь еще большей широтой выдвинутых проблем.

Так как «туранские» народы занимают чрезвычайно большую территорию, М. Мюллер считал естественной меньшую определенность и устойчивость признаков туранских языков по сравнению с индоевропейскими или семитическими языками. Поэтому М. Мюллер находил возможным применять к исследованию этих языков иные методы, чем к индоевропейским, этим представителям politic languages, в то время как туранские языки характеризуются им как nomadic languages[4]. Впрочем, М. Мюллер не создал сравнительного изучения «туранских» языков, и туранизм выразился лишь в том, что была намечена группа языков, обладающих некоторыми общими признаками. Языки эти вместе с тем ставились в некоторую, не вполне ясную родственную связь друг с другом. На это указывает самый термин «туранские» языки, содержащий прямое указание на их родину. Следует, однако, подчеркнуть, что родственные связи этих языков друг с другом М. Мюллеру представлялись очень слабыми. Вследствие этого он избегает термина «семья туранских языков», предпочитая ему термин «группа туранских языков»[5]. М. Мюллер не очертил круга «туранских» языков с достаточной ясностью. Он ограничился лишь отнесением ряда

3) Essays von Max Müller I., Leipzig, 1869, стр. 20.
4) The languages of the seat of war in the east. With a survey of three families of languages: Semitic, Arian and Turanian. London – Edinburgh – Leipzig, 1855, стр. 88.
5) Essays, стр. 22.

языков по некоторым весьма общим признакам к одной группе. Это объясняет нам, почему круг «туранских» языков продолжал в дальнейшем расширяться и вскоре охватил даже некоторые языки древности, как, например, аккадский[6].

Во времена М. Мюллера большинство объединенных им языков не было достаточно изучено, и туранизм вырос на совершенно невозделанной почве. Поэтому он нашел мало сторонников и вскоре сошел со сцены.

По более правильному пути направил свои исследования Матвей-Александр Кастрен. В противоположность своим предшественникам и даже современникам, Кастрен прекрасно знал ряд языков. Во время своих многолетних путешествий он собрал богатейшие материалы по самоедским, финно-угорским, тюркским, эвенкийскому, бурят-монгольскому, палеоазиатским языкам. Кастран дал первые описания ряда языков, сохраняющих свое значение до настоящего времени. Все это дало возможность Кастрену лучше, чем кому-либо другому, разобраться в вопросе о взаимоотношениях этих языков. Но нас поражает чрезвычайная осторожность высказываний Кастрена по вопросу о взаимном отношении изучавшихся им языков. Прежде всего Кастрен резко ограничил круг языков, названных им «алтайскими», пятью группами: финно-угорской, самоедской, тюркской, монгольской и тунгусской, все же остальные, как явно не имеющие (даже типологически)

6) Fr. Lenormant, La magie chez les chaldéens et les origines accadiennes. Paris, 1874; La Langue primitive de la Chaldée et les idiomes touraniens, Paris, 1875.

никакого отношения к названным, он отмел в сторону. О взаимных отношениях этих языков он высказывается в том смысле, что между ними нельзя обнаружить такой близости, как между отдельными ветвями индоевропейской группы, но что известные сходства между финским, самоедскими и тюркскими языками все же наблюдаются. «Являются ли эти соответствия столь существенными, – говорит Кастрен, – что дадут языковедам право причислять языки, о которых идет речь, к одной и той же семье, – это вопрос, ответ на который должен быть предоставлен будущему»[7].

Со времени Кастрена устанавливается урало-алтайская группа языков в ее нынешнем составе. Однако еще современниками Кастрена были сделаны попытки расширить круг урало-алтайских языков включением в него и японского языка. Эти попытки неоднократно повторялись впоследствии, но успеха не имели[8].

Кастрен посвятил свои сравнительные исследования, главным образом, решению вопроса о взаимоотношениях финно-угорских и самоедских языков. В этих исследованиях он коснулся некоторых вопросов специально финно-угорской сравнительной грамматики. В качестве компаративиста урало-алтаиста Кастрен

---

7) Ueber die Personalaffixe in den altaischen Sprachen, M.A. Castrén's Kleinere Schriften. St. Petersburg, 1862, стр. 152.

8) Boller, Nachweis dass das Japanische zum Ural-altaischen Stamme gehört, Wien, 1857; H. Winkler, Der ural-altaische Sprachstamm, das Finnische und das Japanische, Berlin, 1909; W. Pröhle, Studien zur Vergleichung des Japanischen mit den uralischen und altaischen Sprachen, Keleti Szemle, XVII. 147 сл.

в сущности выступил лишь в одной работе, посвященной личным аффиксам урало-алтайских языков.

Какие же общие признаки изучавшихся им языков считал наиболее существенными сам Кастрен? Он согласен со своими предшественниками, придававшими большое значение агглютинативному характеру строя «алтайских» языков. Кроме этого признака, он устанавливает, однако, еще следующие; отсутствие префиксов и наличие только суффиксов; отсутствие предлогов и наличие только послелогов; словарные схождения; отсутствие перегласовки или чередования гласных и определение характера гласных непервых слогов корневым гласным; невозможность стечения двух согласных в начале или конце слов. Одним из наиболее серьезных признаков Кастрен считал совпадение падежных суффиксов в единственным и множественном числах[9].

В широком масштабе сравнительное изучение «алтайских» или «урало-алтайских» языков началось со времен Шотта, который строил свои выводы на соответствиях в лексике. Вместе с тем он уделял большое внимание морфологии урало-алтайских языков[10].

Ограничив круг своих исследований языками финно-угорскими, называемыми им «чудскими», тюркскими, монгольскими и

---

9) Ethnologische Vorlesungen über die altaischen Völker, St. Petersburg, 1857, 18.
10) Ueber das altaische oder finnisch-tatarische Sprachgeschlecht, Berlin, 1849; Das Zahlwort in der tschudischen Sprachenklasse wie auch im Türkischen, Tungusischen und Mongolischen, Berlin, 1853; Altaische Studien oder Untersuchungen auf dem Gebiete der Altai-Sprachen, Berlin, 1860.

тунгусскими, объединяемыми под общим названием татарских, Шотт всю группу в целом называет «алтайской» или «чудско-татарской».

Шотт, как и его современник Кастрен, ставит урало-алтайские языки не в одинаковую родственную связь друг с другом. Он выделяет финно-угорские языки как находящиеся в более близких отношениях друг с другом в семью финских или чудских, а остальные противопоставляет им как «татарские». Таким образом, уже во времена Шотта и Кастрена урало-алтайская языковая группа делилась на две подгруппы. Со времен Шотта выделяется в самостоятельную дисциплину сравнительное изучение монгольских, тюркских и тунгусских языков. С этого момента усилия исследователей направляются на более детальное выяснение взаимоотношений тюркских, монгольских и тунгусских языков, с одной стороны, и финно-угро-самоедских – с другой. Не всеми исследователями было принято такое деление урало-алтайской группы. В частности Винклер ставил, например, тунгусские языки в более тесную связь с финно-угорскими и самоедскими. Манджурский же язык он рассматривал как звено между последним и японским языком. Он разбивает урало-алтайскую группу на неравные подгруппы: самоедско-финно-угро-тунгусо-японскую и монголо-тюркскую[11]. Однако эта точка зрения не нашла

---

11) H. Winkler, Uralaltaische Völker und Sprachen, Berlin, 1884; Das Ural-altaische und seine Gruppen, Berlin, 1886; Tungusisch und Finnisch-Ugrisch, I – II (Journal de la Société Finno-Ougrienne, XXX, № 9, XXXIX, № 1).

поддержки у других урало-алтаистов.

Первые урало-алтаисты – Страленберг, Раск и Мюллер не обосновали произведенного ими объединения языков в одну группу установлением каких-либо конкретных, общих всем этим языкам, признаков. Объединяя ряд языков в одну группу, эти исследователи основывались на агглютинативном строе этих языков, т. е. на признаке, характерном для слишком большого количества языков, с тем, чтобы на основании этого признака можно было делать какие-либо выводы о генетической связи соответствующих языков.

Не входя в подробное рассмотрение того, что представляет собою агглютинативный строй, укажем лишь, что в старой лингвистической литературе нет четкого определения сущности агглютинации. Необходимо также отметить чрезвычайную абстрактность обычного определения агглютинативных языков как таких языков, в которых содержание и форма только внешне прилеплены друг к другу (определение Шотта), или таких языков, которые состоят из двух резко обособленных звуковых комплексов, из которых один являются носителями содержания (значение), а другие – носителями формы, т. е. выразителями грамматических отношений (определение Радлова)[12]. Такое разграничение элементов слова представляется в высшей степени абстрактным и искусственным, Самое же главное в том, что и в агглютинативных языках существуют корни,

---

12) Einleitende Gedanken zur Darstellung der Morphologie der Türksprachen, Зап. Ак. Наук, VIII серия, т. VII, № 7, СПБ, 1906, стр. 19.

самостоятельного бытия в языке не имеющие, т. е. не функционирующие как самостоятельные слова, и которые могут быть вскрыты лишь как составные элементы слова обязательно в сочетании с какими-нибудь суффиксами. Иначе говоря, носителем значения является в таких случаях не голый корень, но расширенная при помощи какого-либо суффикса основа, образованная от корня, существующего лишь как абстракция, хотя во многих случаях корень и основа совпадают. Примером такого корня, не имеющего самостоятельного бытия, является монг. *qo* в составе *qo-jar* 'два', *qo-š* 'пара'. *qo-rin* '20', который не является самостоятельным словом[13]. Таким образом можно установить, что и в агглютинативных языках многие слова делятся не на корень-основу и суффиксы, а на самостоятельно не употребляемый корень, на формант основы и дальнейшие суффиксы. При этом корень является таким же носителем содержания, как корни флективных языков, т. е. выражает лишь самую общую идею, а не конкретное понятие. Более того, в агглютинативных языках наблюдается множество случаев, резко противоречащих агглютинативному характеру их морфологического строя. Для иллюстрации приведем опять-таки примеры из монгольского языка. Таким ярким примером могут служить личные местоимения монгольского языка: *bi* 'я', р. п. *minu*, д. п. *nadur*. Мы наблюдаем здесь не механическое

---

13) Н.Н. Поппе, Монгольские числительные. Языковедные проблемы по числительным. Сб. статей I, Лгр., 1927, 107.

прилепление суффиксов к неизменяемой основе, а нечто довольно сильно напоминающее нам склонение в индоевропейских языках: ср. *я – мне, мы – нас* и т. п. Мы наблюдаем, наконец, не только в монгольском, но и в ряде других языков многочисленные случаи чередования гласных корневого слога, что вызывает частичные изменения семантики соответствующих слов. Давно было известно, что в манджурском языке слова, обозначающие существа женского пола, имеют огласовку *е*, в то время как мужские особи этих же существ обозначаются словами с вокализмом *а*, например, *хаха* 'мужчина' – *хехе* 'женщина', *amile* 'самец' – *emile* 'самка'. Впоследствии Б. Я. Владимирцов отметил это же явление в монгольском языке и даже в тюркских, например, монг. *abai* 'отец' – *ebei* 'мать', тюркск. ойрот. *ača* 'батюшка', – куманд. *eče* 'тетка', туркм. 'мать' и т. д[14].

Таким образом устанавливается тот непреложный факт, что в так называемых агглютинативных языках, наряду со словообразованием путем прилепления суффиксов, наблюдается словообразование путем изменения гласного состава слов.

Вывод отсюда тот, что агглютинация является в агглютинативных языках не единственным принципом формообразования, хотя этот принцип и преобладающий. Такой вывод, впрочем, не нов, так как давно установлено, что один и тот же язык может быть одновременно и флективным и агглютинативным, флективным

14) Б.Я. Владимирцов, Сравнительная грамматика монгольского письменного языка и халхаского наречия, Лгр., 1929, стр. 130 сл.

и полисинтетическим и т. д. И если в агглютинативных языках этот принцип является господствующим и наряду с ним уживаются другие принципы, то во флективных языках мы тоже наблюдаем явления, в точности соответствующие агглютинации: ср. русс. *дом, дом-а, дом-у, дом-ом* и т. д.

Итак, основной признак урало-алтайских языков, которым руководствовались исследователи докастреновского периода, оказывается гораздо менее существенным, чем это представлялось раньше.

Переходя к остальным признакам урало-алтайских языков и в первую очередь к подчеркиваемым Кастреном, укажем, что наличие некоторых из них мы уже опровергли выше: таковыми являются отрицаемые Кастреном перегласовка и чередование гласных (см. выше *хаха* 'мужчина', *хехе* 'женщина', и другие примеры). Все же остаются еще следующие: 1) наличие только суффиксов и отсутствие префиксов, 2) наличие только послелогов и отсутствие предлогов, 3) совпадение падежных суффиксов в ед. и мн. чис., 4) определение характера вокализма следующих слогов гласным первого слога, 5) невозможность стечения согласных в начале и в конце слова. Но эти признаки имеют еще меньшее значение, чем агглютинативный строй урало-алтайских языков. Дело в том, что большинство этих признаков является производными, так сказать, вторичными, неизбежно вытекающими все из того же агглютинативного характера строя соответствующих языков. Так, например, Кастрен придает большое значение наличию в урало-алтайских языках только суффиксов и отсутствию префиксов. Однако отсутствие последних является характерной чертой именно агглютинативных языков. Хотя имеются языки с префиксацией, значительная часть агглютинативных языков все же является суффиксальными языками. Если встать на точку зрения, согласно которой корень является носителем содержания, а аффикс – только формы, то он как психологически менее существенный неизбежно должен следовать за корнем и не занимать места перед ним. Но как бы то ни было, необходимо внести фактическую поправку в тезис Кастрена, а именно: некоторым урало-алтайским языкам префиксация, хотя и очень слабо развитая, все же свойственна (например, корейскому языку)[15].

Коль скоро в так называемых урало-алтайских языках получила особо мощное развитие суффиксация, вполне понятно, что место предлогов занимают в них послелоги, ибо они до известной степени такие же служебные элементы в составе предложения, как суффиксы в составе слова.

Из агглютинативного характера языкового строя вытекает и полное совпадение падежных суффиксов ед. и мн. чисел. Дело в том, что в так называемых флективных языках окончания несут не одну, а несколько нагрузок. В агглютинативных же дело обстоит иначе. Там каждый формант имеет только одну нагрузку. Так, например, форма 1-го лица ед. ч. прошедшего

---

15) А. А. Холодович, Строй корейского языка, Лгр., 1938, стр. 17.

времени тюркского глагола *ал-* 'брать' – *алдым* состоит из *ал* – основа, *-ды* – суфф. прош. вр., *-м* показатель 1-го л. ед. ч., или финск. суоми *talossani* 'в моем доме' состоит из *talo* – основа, *-ssa-* – суфф. инессива, *-ni* – притяжательный суффикс 1-го л. ед. ч., а *taloissani* – то же, но во ми. ч., ибо *i* – формант основы ми. числа. Агглютинативные языки являются как бы аналитическими. И иначе при преобладающем агглютинативном строе и быть не может.

Таким образом, морфологические признаки агглютинативных языков выводятся из основного – из агглютинативного принципа языкового строя, являющегося, кстати, не единственным. Наряду с ним существуют в отдельных языках в различной степени развитые другие принципы – от аморфно-синтетического до флективного включительно.

Следующая группа признаков относится уже к области фонетики. Один из них мы уже отвергли – это отсутствующие, якобы, чередования гласных. Мы отвергаем и второй – тоже отрицательный признак: невозможность стечения согласных в конце слов, так как в исходе слов возможна группа согласных, ср. тюркск. *аст* 'низ', *ỹст* 'верх' и т. п. Что же касается невозможности стечения согласных в начале слова, которой придавал большое значение Кастрен, то укажем, что и в иранских языках наблюдается то же самое и в ряде других. Следовательно, и этот признак не столь существенен.

Остается последний фонетический признак так называемых урало-алтайских языков. Это – сингармонизм гласных, которому придавали весьма большое значение. Сущность сингармонизма гласных сводится к тому, что в одном и том же слове не могут находиться любые гласные, но лишь определенные, например, за слогом с *а* дальше следуют слоги только с *а* или *у*, *а* или *ы*, но не *е*, не *ÿ* и т. д. Причину появления сингармонизма пытались объяснять по-разному. Так, например, Штейнталь считал сингармонизм обусловленным тупостью и умственной вялостью, даже ленью, но это объяснение, конечно, совершенно антинаучно. Причины возникновения сингармонизма лингвисты так и не установили. Более того, у исследователей соответствующих языков мы не находим даже покрывающего все случаи определения того, что такое сингармонизм. Обычно указывают, что по правилам сингармонизма в одном и том же слове не могут находиться гласные заднего и переднего ряда. Но это неверно: в финск. суоми *е* и *i* встречаются в словах с любым остальным вокализмом: в манджурском языке *е* встречается, например, вместе с *а* в одном и том же слове; в эвенкийских наречиях *ә* находится иногда в слоге, следующем за *ā* и т. д. В живых монгольских языках *ā̄* и *ō̄* наблюдаются в одном слове после и перед *а(ā)* и *а(ō)*. Таким образом, мы видим, что сущность сингармонизма не в том, что задние гласные не могут встречаться в одном слове с передними, но что определенные гласные требуют после себя других строго определенных гласных. Это первое. Говоря же о древности и степени распространения сингармонизма гласных, укажем со слов венгерского ученого Szinnyei, что сингармонизм распространен не во всех, но лишь в некоторых финно-угорских языках. Ни в одном финно-угорском языке не наблюдается идеального и последовательно проведенного сингармонизма. В то время как он хорошо развит в венгерском, в большей части западно-финских языков и в западно-марийских говорах, его совершенно нет в лопарском, в коми-зырянском, в удмуртском и хантейском.

Szinnyei, стоящий вполне на точке зрения праязыковой теории, указывает далее, что в финно-угорском праязыке сингармонизма вообще не было и что он возник в отдельных языках независимо одних от других в разных условиях[16]. Это весьма важное указание, мимо которого пройти нельзя, хотя мы и несогласны с праязыковой концепцией Szinnyei. В финно-угорских языках по крайней мере сингармонизм является поздним явлением. Монгольские и тюркские языки в этом отношении мало изучены. Однако и там он существовал, повидимому, не извечно. На это указывает то обстоятельство, что одни и те же корни входят в состав слов с задним и передним вокализмом. Например, монг. *ni* в *ni-kü* 'сморкаться' переднего ряда, *ni-sum* 'сопли', *nil-bu* 'плевать' (заднего ряда). Таким образом, и этот признак лишается того значения, которое ему придавали.

Вывод ясен: от доводов старых урало-алтаистов в пользу объединения тюркских, монгольских, тунгусских, самоедских и

---

16) J. Szinnyei, Finnisch-ugrische Sprachwissenschaft, Berlin – Leipzig, 1922, 41-44.

финно-угорских языков в одну группу урало-алтайских ничего не остается.

Переходим к доводам более новых лингвистов. К числу их принадлежит Винклер, автор ряда работ на урало-алтайские темы. Не удовлетворяясь столь общими и малоговорящими современному лингвисту признаками так называемых урало-алтайских языков, как агглютинативный характер их строя, Винклер основное внимание уделяет установлению более конкретных признаков, общих этим языкам. Он устанавливает два основных признака: 1) урало-алтайским (по его терминологии алтайским) языкам свойственны первоначально только субстантивообразные (substantivartig) имена, из которых первое всегда является подчиненным, а второе подчиняющим, если форма связи это допускает, 2) в противном же случае отношение – предикативное, причем первое имя выражает подлежащее, а второе – сказуемое[17]. Связь подчиненного и подчиняющего имени находит прежде всего генетивное или генетивообразное (genetivisch oder genetivartig) выражение. Как определение, прилагательное занимает место перед определяемым, ибо оно является генетивообразным подчиненным членом к определяемому и как таковое оно не может принимать суффиксов числа или падежа, следовательно, оно не может согласоваться с управляющим[18]. Первоначально таким же генетивообразным управляемым было логическое

17) Die altaischen Völker und Sprachen, Leipzig und Berlin, 1921, стр. 32.
18) Там же, стр. 33.

подлежащее предложения, так как первоначально существовали только имена. Поэтому предложение *отец идет* первоначально представляло собою нечто вроде *отца хождение* или *отец-хождение (отцехождение)*[19]. Таким образом мы видим, что Винклер уделяет основное внимание синтаксическим особенностям, из которых многие действительно совпадают в подавляющем большинстве этих языков. Однако он упускает из виду, что синтаксические особенности так называемых урало-алтайских языков полностью вытекают из агглютинативного морфологического строя их. Синтаксис и морфология теснейшим образом связаны друг с другом. Более того, синтаксические особенности в значительной степени обуславливаются морфологическими особенностями этих языков. Обратимся, в самом деле, к монгольским языкам: раз существительные и прилагательные как две разные, морфологически дифференцированные части речи отсутствуют, понятия *прыткий заяц* и *заячья прыть* могут быть выражен при полном внешнем совпадении слов *прыткий* и *прыть, заяц* и *заячий*, очевидно, только так, как они выражаются в монгольском и других типологически близких языках. Определенный порядок слов в предложении компенсирует отсутствующие морфологические средства выражения.

И действительно, по-монгольски сочетания *шедший человек* и *человек шел* отличаются друг от друга только иным порядком

---

19) Die altaischen Völker und Sprachen, Leipzig und Berlin, 1921, стр. 34.

сочетающихся слов: *jabuysan kümün* – 'шедший человек', *kümün jabuysan* – 'человек шел'.

Другие синтаксические особенности так называемых урало-алтайских языков точно так же полностью вытекают из общего строя их. В настоящее время можно уже говорить об агглютинативном синтаксическом строе языков, т. е. понимать агглютинативность не только как морфологический признак, но и как синтаксический, а также и несколько расширить содержание термина агглютинативный. Это с предельной ясностью понимал выдающийся монголист середины прошлого столетия Алексей Бобровников. Он установил, между прочим, что значительное количество так называемых придаточных предложений в монгольском языке представляет собою сочетания слов, логические сказуемые которых морфологически оформляются точно так же, как был бы оформлен простой член предложения, находящийся в такой же зависимости от управляющего слова. Так, например, русскому предложению *тем, что ты привез мен из города новые книги, ты меня обрадовал* – соответствует в монгольском *ты из города новых книг мне привозом своим меня обрадовал*. Вместо придаточного предложения мы видим сочетание слов, логическое сказуемое которого оформлено творительным падежом (на вопрос *чем обрадовал?*). Бобровников такие сочетания называет членными предложениям, избегая неподходящего в данном случае термина «придаточное предложение»[20]. Другой монголист – Г. Д. Санжеев впоследствии назвал такого рода «предложения» развернутым членом[21]. Он понимал под этим такой член предложения, который состоит не из одного слова, но из группы слов, построенной по типу обычного предложения за исключением того, что вместо сказуемого такое предложение содержит именную (причастную) форму глагола, взятую в падеже, которого требует управляющее развернутым членом слово. Таким образом уже Бобровников заметил, что предложение (во всяком случае некоторые типы предложения) простроено по аналогии со строением слова как члена предложения.

Синтаксические особенности урало-алтайских языков, следовательно, не могут считаться тем основным признаком, которому придавал столь большое значение Винклер. Они совершенно закономерно и неизбежно вытекают из господствующего в этих языках агглютинативного принципа.

Винклер придает, далее, серьезное значение сходствам в лексике[22], но об этих якобы общих упомянутым языкам элементах мы выскажемся в связи с новейшей работой в этой области, какой является работа А. Sauvageot[23]. Соважо подвергает основательному пересмотру все старые средства урало-алтаистов. При этом он приходит к выводу, что

---

20) Алексей Бобровников, Грамматика монгольско-калмыцкого языка, Казань, 1849, 280 сл.

21) Синтаксис монгольских языков, М., 1934, 64 сл.

22) См., например, Der ural-altaische Sprachstamm, das Finnische und Japanische, Berlin, 1909, 13-57, 244-312.

23) Recherches sur le vocabulaire des langues ouralo-altaïques, Paris, 1930.

современные попытки доказать взаимное родство урало-алтайских языков должны делаться на основе более точного метода, образцом какового является индоевропейская сравнительная грамматика[24]. Таким образом, разочаровавшись в малонаучных построениях своих предшественников, автор видит единственное средство в индоевропеизме. Критика его работы должна неминуемо вылиться в критику индоевропейского компаративизма, что представляет тему, отнюдь не новую. Поэтому мы ограничимся лишь самыми необходимыми замечаниями.

Считая, что образцом должна служить индоевропейская сравнительная грамматика, Соважо ставит своей ближайшей целью заложить первооснову сравнительной фонетики урало-алтайских языков. Нужно, однако, заметить, что Соважо, объявляющий себя приверженцем индоевропеизма, сам совершает серьезные отклонения от основных положений индоевропеизма, притом положений как раз самых неоспоримых. Как известно, даже формально компаративные исследования каких-либо языков допустимы лишь при условии достаточной изученности данных языков, при этом не только изученности их в смысле наличия добросовестных работ описательного характера, но и изученности истории данных языков. Между тем исторических грамматик таких языков, как тунгусские, самоедские, даже большинства финно-угорских языков нет. Как же изучать сравнительно языки, история

24) Цит. соч., XXXIV.

которых совершенно неизвестна и диалекты которых даже полностью не выявлены? Соважо находит возможным сопоставлять слова из разных, в историческом аспекте совершенно неизученных языков.

Вторя крупная, с точки зрения того же индоевропеизма (с которым в данном пункте можно всецело согласиться), ошибка Соважо заключается в том, что он сопоставляет слова, совпадающие часто лишь в отношении одной фонемы. Соважо вполне удовлетворен такими сближениями, как нанайск. *pe* 'береза', манджур. *fija* = финск. *pии*, венгерск. *fa* (стр. 5), лопарск. *bāvsa bāksa* 'губы' = нанайск. *pému*, *femu*, мандж. *femen* (стр. 29). Нельзя, конечно, отрицать наличия некоторого сходства между сближаемыми словами, но сходство это не идет дальше начального согласного. Остальные же фонемы, входящие в состав этих слов, совершенно различны и ничего общего не имеют (*baksa – femu*).

При таких условиях эти словарные сближения не представляют ценности и цели своей не достигают, так как они ничего не доказывают. Более того, произведенный Широкогоровым анализ словарных сближений Соважо привел к результату, ничего неожиданного не представляющему, а именно, что большинство сближений с точки зрения тунгусского языкознания неправильно. Общий вывод Широкогорова таков: словарные сближения не дают оснований для включения тунгусских языков в группу урало-алтайских, которые поэтому из этой группы должны быть вычеркнуты[25)].

Какие же остаются доводы в пользу объединения ряда языков в так называемую урало-алтайскую группу? Общие черты в синтаксическом строе соответствующих языков, как уже было указано выше, обусловлены особенностями агглютинативного строя их или, лучше, – агглютинативный синтаксический тип и агглютинативный морфологический тип образуют единство и не могут быть оторваны друг от друга. Поэтому доводы, строящиеся на синтаксических особенностях так называемых урало-алтайских языков, ничего не прибавляют к доводам, строящимся на морфологических особенностях их. Но выше уже было указано, что агглютинативные элементы морфологического строя этих языков, сами по себе взятые, еще не могут служить доказательством языкового родства. Общей же лексики в этих языках нет, и делавшиеся словарные сопоставления не убедительны и в методологическом отношении не стоят на должной высоте. Таким образом мы приходим к печальному для урало-алтайской теории итогу: доказательств в пользу взаимного родства объединяемых ею языков нет. Любопытнее всего то обстоятельство, что даже обычные методы буржуазного языковедения обращаются против урало-алтайской теории. Урало-алтайская группа или семья языков не существует, как не существует генетического родства между объединяемыми урало-алтайской теорией языками, как, наконец, не существовало и урало-алтайского праязыка.

---

25) S. M. Shirokogoroff, Ethnological and linguistical aspects of the ural-altaic hypothesis. Peiping, China, 1931, 162.

소비에트 언어학의 관점에서 본 우랄·알타이 이론

N. 포페

이른바 우랄·알타이 이론은 부르주아 학문의 유산이자 아직은 소멸되지 않은 언어학 이론에 속한다. 비록 이 이론에 대한 관심이 최근 부르주아 언어학자들 사이에서조차 상당히 적어졌으나 (아마도 일시적으로) 그럼에도 불구하고 우랄·알타이 이론은 반증 되지 않았고 따라서 계속해서 존재하고 있다.

우랄·알타이 언어학의 시작은 18세기 초반이다. 바로 이 시기에 폴타바 전투에서 포로가 되어 러시아 동부와 시베리아에서 전쟁포로로 수년을 보냈던 스웨덴 장교 스트라렌베르그(Johan von Strahlenberg)의 업적이 세상에 나왔다. 스트라렌베르그는 여러 민족의 언어에 대한 의심할 여지없이 가치 있는 일련의 연구를 수행했으며, 예를 들어 칼미크어 사전과 같은 최초의 실질적인 자료를 수집하였다. 이러한 그의 업적은 일련의 언어를 하나의 그룹으로 묶으려는 최초의 시도라는 점에서 상당히 주목할 만하다. 언어 관계상 근접한 민족들을 "타타르(Tataric)"라는 공통 명칭으로 통합한 스트라렌베르그는 최초로 이 민족들의 분류를 제시하고 다음과 같은 그룹으로 민족들을 세분하였다: 1) 핀·우그르 제민족, 바라바 타타르족, 훈족을 의미하는 위구르족, 2) 투르크·타타르족, 3) 사모예드족, 4) 몽골족과 만주족, 5) 퉁구스족, 6) 흑해와 카스피해 사이에 거주하는 민족들[1]. 이 분류는 이후의 학술적 연구에 부합하지도 않으며 대부분은 완전히 잘 못되었다. 그럼에도 불구하고 이것은 최초의 분류라는 점에서 주목할 만하다. 사실 스트라렌베르그는 전적으로 임의로 일련의 언어들을 하나 의 그룹으로 통합하였다. 그는 자신의 분류를 입증할 만한 언어학자로 서의 그 어떤 진지한 논거도 제시하지 않았다. 그렇지만 그에게 이를 요구할 수는 없을 것이다. 왜냐하면 그가 통합시킨 언어들 대부분에 대 해 그 당시 알려진 것이 거의 없었기 때문이다. 이후 우랄·알타이라는 명칭을 얻게 된 하나의 그룹으로 이 언어들을 통합한 것이 해당 언어들 에 대한 연구가 시작되기 훨씬 이전에 이루어졌다는 점도 특히 언급해 야 할 점이다. 다시 말해 이 언어들의 친연성에 관한 이론 혹은 더 정확 히 말해 가설은 스트라렌베르그의 연구업적이 세상에 나온 이후 거의 백 년이 지나 덴마크 언어학자 라스크(R. K. Rask)에 의해 다시금 제기된 이 문제에 관한 기술적 연구 이전에 나타났던 것이다. 라스크는 이 그룹에 "스 키타이 제어(Scythian languages)"라는 명칭을 부여하였다. 라스크의 "스키 타이" 그룹은 그린란드와 아메리카 북부, 아시아, 유럽, 카프카스에 분 포된 언어들을 포괄한다. "스키타이" 제어에는 스페인과 갈리아의 선인 구어(Pre-Indo-European languages) 역시 포함되었다[2]. "스키타이" 그룹은 퉁구스, 몽골, 튀르크, 핀·우그르, 사모예드 제어뿐만 아니라 에스키모 족, 고아시아 제민족(Paleoasiatics), 카프카스와 바스크 제민족, 그리고 스 페인과 그 외 다른 유럽 국가에서 소멸된 야페테족(Japhetic)의 제언어까 지 포괄한다.

19세기, 특히 그 중반에 언어학은 괄목할만한 발전을 이루었다. 특히

---

1) Der Nord und Östliche Theil von Europa und Asia, von Philipp von Strahlenberg, Stockholm, 1730.
2) Den skytiske Sprogaet. Sammlede tilldels forhen utrykte Afhandlingen at R.K. Rask.

언어들의 비교 연구를 위한 원칙들이 개발되었으며, 그 당시 인구어 비교언어학은 이미 존재하고 있었다. "타타르" 혹은 "스키타이" 제어의 친연성에 관한 이론에 상당한 영향을 끼쳤던 훔볼트(Wilhelm von Humboldt)의 탁월한 연구들이 바로 지난 세기역주1 중반에 속한다. 이 언어들을 굴절어인 인구어와 명확하게 구분해주는 보다 특징적인 자질의 하나는 교착 구조로 간주되었다. 뮐러(Max Müller)는 바로 이 자질과 앞서 언급한 그룹으로 통합된 대다수 언어에 있어 공통적인 모음조화 규칙을 기반으로 샴어, 티벳어, 남인도어, 말라이어를 더 포함시키고, 이렇게 확장된 그룹의 명칭을 "투란(Turanian)" 그룹으로 제안하였다3). 투라니즘(Turanism)은 제기된 문제들의 폭이 더 넓다는 점을 제외하면 대체로 라스크의 "스키타이" 이론과 일치한다.

뮐러는 "투란" 제민족이 상당히 넓은 영토를 차지하고 있었기 때문에 인구어나 셈 제어와 비교해 투란 제어 자질의 결정성과 안정성이 더 적은 것은 당연하다고 여겼다. 따라서 뮐러는 이 언어들의 연구를 위해 nomadic languages의 특징을 갖는 투란 제어와 달리 politic languages의 전형인 인구어와는 다른 방법을 적용하는 것이 가능하다고 생각했다4). 그러나 뮐러는 "투란" 제어를 비교 연구하지 않은 채 몇 가지 공통 자질을 갖는 언어 그룹이 인정된다는 정도로만 투라니즘을 표현하였다. 게다가 이 언어들을 서로간의 어느 정도 완전히 확실하지 않은 친연관계로 설정하였다. 그 발생지를 직접적으로 나타내는 "투란" 제어라는 용어 자체가 이를 시사한다. 그러나 뮐러가 이 언어들 간의 친연관계를 매우 약하게 여겨졌다는 점을 반드시 지적할 필요가 있다. 따라서 그는 "투란 어족(turanian language family)"이라는 명칭을 피하고 "투란

---

3) Essays von Max Müller I., Leipzig, 1869, p. 20.
4) The languages of the seat of war in the east. With a survey of three families of languages: Semitic, Arian and Turanian. London – Edinburgh – Leipzig, 1855, p. 88.

어 그룹(turanian language group)"이라는 명칭을 선호하였다5). 밀러는 "투란" 제어 범위의 윤곽을 확실하게 잡지는 않았으며 단지 몇 가지 다분히 공통적인 자질에 따라 일련의 언어를 하나의 그룹에 포함시키는데 그쳤다. 이는 왜 "투란" 제어의 범위가 이후 계속해서 확대되고 얼마 지나지 않아 심지어 아카드어와 같은 몇몇 고대 언어까지 포함시키게 되었는지를 설명해준다6).

밀러가 활동하던 시대에는 그에 의해 통합된 대다수의 언어가 충분히 연구되지 않았으며 따라서 투라니즘은 완전히 경작되지 않은 토양에서 자라게 되었다. 그로 인해 밀러는 많은 지지자를 얻지 못했고 곧이어 무대를 떠나게 되었다.

카스트렌(Matthias Alexander Castrén)은 보다 올바른 방향으로 자신의 연구를 이끌었다. 자신의 선구자들이나 심지어 동시대 학자들과 달리 카스트렌은 일련의 언어들에 대해 잘 알고 있었다. 수 년간의 여행을 통해 그는 사모예드 제어, 핀-우그르 제어, 튀르크 제어, 에벤크어, 부랴트・몽골어, 고아시아 제어에 관한 방대한 자료를 수집하였다. 카스트렌은 현재까지 자신의 영향력을 유지하고 있는 일련의 언어들을 최초로 기술하였다. 이 모든 것은 이 언어들의 상호관련성에 대한 문제를 카스트렌이 그 누구보다 더 잘 연구할 수 있는 가능성을 제공하였다. 그러나 우리를 놀라게 하는 것은 자신이 연구했던 언어들의 상호관계에 대한 문제에 관해 그는 도가 넘치게 조심하여 견해를 밝혔다는 점이다. 먼저 카스트렌은 그가 명명한 "알타이" 제어의 범위를 핀・우그르, 사모예드, 튀르크, 몽골, 퉁구스의 5개 그룹으로 명확히 제한하고 명백하게 이들과는 전혀 관계없는 (심지어 유형적으로) 나머지 언어들은 차

---

5) Essays, p. 22.
6) Fr. Lenormant, La magie chez les chaldéens et les origines accadiennes. Paris, 1874; La Langue primitive de la Chaldée et les idiomes touraniens, Paris, 1875.

치하였다. 이 언어들의 상호관계에 관해 그는 인구어 개별 지류들 간에서와 같은 그러한 근사성을 이 언어들 간에서 발견할 수는 없지만 그럼에도 불구하고 핀란드 제어, 사모예드 제어, 튀르크 제어 간의 익히 잘 알려진 유사성은 나타나고 있다는 취지로 자신의 견해를 피력하였다. 카스트렌은 "여기서 언급한 언어들을 범주에 포함시킬 권리를 언어학자에게 줄 만큼 이 상응 관계가 그렇게 본질적인가라는 질문에 대한 답은 미래에 맡겨야만 할 것"7)이라고 말하고 있다.

우랄·알타이 제어 그룹은 카스트렌 시대 이후에 현재와 같은 모습으로 정비되었다. 그러나 이미 카스트렌의 동시대 학자들에 의해 우랄·알타이 제어의 범위를 여기에 일본어를 포함해 확장시키려는 시도는 있었다. 이러한 시도는 이후 여러 차례 반복되었으나 성공하지 못했다8).

카스트렌은 자신의 비교 연구를 주로 핀·우그르 제어와 사모예드 제어의 상호관계에 관한 문제 해결에 바쳤다. 이 연구에서 그는 특히 핀우그르 비교 문법의 몇몇 문제점들을 언급하였다. 카스트렌은 우랄·알타이 비교언어학자로서는 실상 우랄·알타이 제어 인칭접사 조명에만 천착했다.

카스트렌 자신은 그가 연구했던 언어들의 어떤 공통 자질이 가장 중요하다고 여겼을까? 그는 "알타이" 제어 구조의 교착적 특징에 큰 의미를 부여했던 자신의 선구자들에 동의했다. 그러나 그는 이 자질 외에 다음과 같은 자질들을 규정하였다: 접두사는 부재하나 접미사만 실재, 전치사는 부재하나 후치사만 실재, 어휘의 유사, 움라우트 혹은 모음 교체

---

7) Ueber die Personalaffixe in den altaischen Sprachen, M.A. Castrén's Kleinere Schriften. St. Petersburg, 1862, p. 152.

8) Boller, Nachweis dass das Japanische zum Ural-altaischen Stamme gehört, Wien, 1857; H. Winkler, Der ural-altaische Sprachstamm, das Finnische und das Japanische, Berlin, 1909; W. Pröhle, Studien zur Vergleichung des Japanischen mit den uralischen und altaischen Sprachen, Keleti Szemle, XVII. 147 сл.

의 부재와 첫 음절이 아닌 음절의 모음 특징이 어근모음에 의해 결정, 단어의 처음이나 끝에서 두 자음의 연속 불가능. 카스트렌은 단수와 복수에서의 격 접미사의 일치를 가장 중요한 자질의 하나로 여겼다[9].

넓은 의미에서 "알타이" 혹은 "우랄·알타이" 제어의 비교연구는 어휘 내 상응 관계에서 자신의 결론을 도출한 쇼트(Wilhelm Schott)의 시대에 시작되었다고 할 수 있다. 더불어 그는 우랄·알타이 제어의 형태론에도 많은 관심을 기울였다[10].

쇼트는 그가 "추드(Chud)" 제어라고 부른 핀·우그르 제어와 타타르 제어라는 총칭으로 묶은 튀르크, 몽골, 퉁구스 제어로 자신의 연구 범위를 제한하고 이 모든 그룹을 전체적으로 "알타이" 혹은 "추드·타타르(Chud- Tatar)" 그룹이라고 불렀다.

쇼트는 동시대 학자인 카스트렌과 마찬가지로 우랄·알타이 제어를 서로 동일한 친연관계에 놓지 않았다. 그는 핀·우그르 제어를 서로 좀 더 가까운 관계에 놓인 핀 혹은 추드 어족으로 구분하고, 나머지 언어들은 "타타르" 제어로서 이들과 대립시켰다. 이와 같이 쇼트와 카스트렌 시기에 이미 우랄·알타이 제어 그룹은 두 개의 하위 그룹으로 나누어졌다. 쇼트 이래로 몽골, 튀르크, 퉁구스 제어의 비교연구는 독립적인 분야가 되었다. 이때부터 연구자들은 한편으로는 튀르크, 몽골, 퉁구스 제어의, 다른 한편으로는 핀·우그르·사모예드 제어의 상호관계를 보다 면밀히 밝히려는 노력을 기울였다. 그러나 모든 학자들이 이와 같은 우랄·알타이 그룹의 분류를 받아들인 것은 아니었다. 예를 들어 빙클러(Hugo Winckler)는 퉁구스 제어를 핀·우그르 제어, 사모예드 제어와 보

---

9) Ethnologische Vorlesungen über die altaischen Völker, St. Petersburg, 1857, 18.
10) Ueber das altaische oder finnisch-tatarische Sprachgeschlecht, Berlin, 1849; Das Zahlwort in der tschudischen Sprachenklasse wie auch im Türkischen, Tungusischen und Mongolischen, Berlin, 1853; Altaische Studien oder Untersuchungen auf dem Gebiete der Altai-Sprachen, Berlin, 1860.

다 밀접한 관계에 놓았다. 만주어의 경우 그는 사모예드 제어와 일본어 간의 고리로서 살펴보았다. 그는 우랄·알타이 그룹을 사모예드·핀· 우그르·퉁구스·일본 그룹과 몽골·튀르크 그룹과 같이 상이한 하위 그룹으로 나누었다[11]. 그러나 이러한 관점은 다른 우랄·알타이학자들 로부터 지지를 얻지 못했다.

최초의 우랄·알타이학자인 스트라렌베르그, 라스크, 밀러는 하나의 그룹으로 언어들을 통합하면서 이 언어들에 있어 공통적인 그 어떤 구 체적 자질을 설정하여 입증하지 않았다. 이 연구자들은 일련의 언어를 한 그룹으로 통합시키면서 이 언어들의 교착 구조, 다시 말해 이 자질 을 바탕으로 해당 언어들의 발생학적 관계에 관한 임의의 결론을 내릴 수도 있는 지나치게 많은 수의 언어들에 특징적인 자질에 기반하였다.

교착 구조가 무엇인지에 대한 면밀한 고찰보다는 예전 언어학 문헌 에는 교착의 본질에 관한 명확한 정의가 없다는 것만을 언급하고자 한 다. 내용과 형태는 외적으로만 서로 교착되어 있다거나(쇼트의 정의), 하나는 내용(의미) 매체이고, 다른 하나는 형태 매체, 즉 문법관계 표시 체인 현저히 고립된 두 음성 복합체로 구성되어 있다(라들로프의 정의) 와 같은 교착어에 대한 일반적 정의의 지나친 추상성 역시 반드시 지적 할 부분이다[12]. 단어 요소들의 이러한 구분은 다분히 추상적이고 인위 적이다. 가장 중요한 것은 언어에서 독립적인 실재를 갖지 않는, 즉 독 립어처럼 기능하지 않으며, 따라서 단어의 구성 요소처럼 반드시 임의 의 접미사와 결합할 때만 드러날 수 있는 어근이 교착어에 존재한다는 점이다. 달리 말하자면 의미 매체는 이 경우 순수 어근이 아니라 임의

11) H. Winkler, Uralaltaische Völker und Sprachen, Berlin, 1884; Das Ural-altaische und seine Gruppen, Berlin, 1886; Tungusisch und Finnisch-Ugrisch, I – II (Journal de la Société Finno-Ougrienne, XXX, № 9, XXXIX, № 1).
12) Einleitende Gedanken zur Darstellung der Morphologie der Türksprachen, Зап. Ак. Наук, VIII серия, т. VII, № 7, СПБ, 1906, стр. 19.

의 접미사에 의해 확장된 어간이며, 비록 대부분의 경우 어근과 어간이 일치하기는 하지만 단지 추상으로만 존재하는 어근으로부터 형성된 어간이다. 독립적인 실재를 갖지 않는 이러한 어근의 예가 바로 *qo-jar* '2', *qo-š* '쌍', *qo-rin* '20'을 구성하는 독립어가 아닌 몽골어의 *qo*이다[13]. 이와 같이 교착어에서 많은 단어들은 어근-어간, 접미사가 아니라 독립적으로 활용되지 않는 어근, 어간 형성소, 뒤따르는 접미사로 나누어진다는 설정이 가능하다. 게다가 어근은 굴절어의 어근과 같은 내용 매체이며, 다시 말해 구체적 개념이 아닌 가장 일반적인 관념을 표현한다. 더욱이 교착어에서는 이 언어의 형태론적 구조의 교착적 특성에 명백히 반하는 많은 경우가 발견된다. 예를 위해 다시 한 번 몽골어의 경우를 들어보자. 몽골어 인칭대명사 *bi* '나', 생격 *minu*, 여격 *nadur*는 이것의 명확한 예를 보여준다. 여기서 우리는 불변 어간에 접미사가 기계적으로 교착된 것이 아니라 인구어의 곡용을 강하게 떠올리게 하는 무언가를 발견하게 된다(비교: *я* —*мне, мы* —*нас* 등[역주2]). 게다가 우리는 몽골어뿐만 아니라 일련의 다른 언어들에서도 해당 단어 의미의 부분적인 변화를 일으키는 어근 음절의 모음이 교체되는 많은 경우를 보게 된다. *x axa* '남자' - *xexe* '여자', *amile* '수컷' - *emile* '암컷'처럼 만주어에서 여성 존재를 나타내는 단어는 *e* 모음화(vocalisation)를 가지며, 이러한 존재의 남성 개체는 모음 *a*로 표현된다는 것은 이미 오래 전부터 잘 알려져 있다. 이후 블라디미르쪼프(V. Ya. Vladimircov)는 이러한 현상이 몽골어와 튀르크 제어에도 있다고 언급하였다. 예를 들어, 몽골어 *abai* '아버지' - *ebei* '어머니', 튀르크 오이로트어 *ača* '아버지' - 쿠만딘어 *eče* '숙모', 투르크멘어 '어머니' 등[14].

---

13) Н.Н. Поппе, Монгольские числительные. Языковедные проблемы по числительным. Сб. статей I, Лгр., 1927, 107.

14) Б.Я. Владимирцов, Сравнительная грамматика монгольского письменного

이와 같이 소위 교착어에서 접미사 부가에 의한 조어(造語)와 더불어 단어의 모음 구성 변화에 의한 조어도 볼 수 있다는 의심의 여지없는 사실이 증명된다.

이로서 교착은 교착어에 있어 비록 우세하기는 하지만 유일한 어형 형성 원칙은 아니라는 결론을 내릴 수 있다. 하지만 이 결론은 하나의 언어가 굴절어이면서 동시에 교착어일 수도, 굴절어이면서 동시에 집합어(polysynthetic language)일 수도 있다는 사실이 이미 오래 전에 확립되었기 때문에 새로운 것은 아니다. 만일 교착어에서 이 원칙이 지배적이라면, 그리고 이와 함께 다른 원칙들이 공존한다면 우리는 굴절어에서 정확히 상응하는 교착 현상을 발견하게 된다(비교: 러시아어 *дом, дом-а, дом-у, дом-ом* 등^{역주 3}).

이처럼 카스트렌 이전 시대의 학자들이 지침으로 삼았던 우랄·알타이 제어의 기본 자질은 예전에 생각했던 것보다 훨씬 덜 본질적이라는 것이 드러났다.

우랄·알타이 제어의 나머지 자질 중 먼저 카스트렌이 역설한 자질로 넘어가면서 이 중 몇 가지 자질에 관해서는 우리가 이미 앞서 논박했음을 지적하고자 한다. 즉, 이것은 카스트렌이 부정한 움라우트(umlaut)와 모음교체(vowel gradation)와 같은 것들이다(상술한 *xaxa* '남자' − *xexe* '여자' 등의 예). 그럼에도 불구하고 다음과 같은 것들이 남는다: 1) 접미사만 실재하고 접두사는 부재, 2) 후치사만 실재하고 전치사는 부재, 3) 단수와 복수에서 격 접미사의 일치, 4) 첫 음절의 모음에 의해 뒤따르는 음절의 모음체계 특징이 결정, 5) 어두와 어말에서 자음군(consonant cluster) 불가. 그러나 이러한 자질들은 우랄·알타이 제어의 교착 구조에 비하면 훨씬 작은 의미를 갖는다. 문제는 이러한 자질의

языка и халхаского наречия, Лгр., 1929, стр. 130 сл.

대부분은 파생적 자질, 달리 말하자면 해당 언어 구조의 교착적 특성에서 필연적으로 유래하는 이차적 자질이라는 점이다. 즉, 예를 들면, 카스트렌은 우랄·알타이 제어에는 접미사만이 실재하고 접두사는 부재한다는 점에 큰 의미를 부여하였다. 그러나 접두사의 부재는 바로 교착어의 특징이다. 비록 접두화(prefixion)를 갖는 언어들이 존재한다 하더라도 교착어의 대부분은 접미사 언어이다. 만일 어근이 내용 매체이고 접사는 단지 형태 매체라는 관점을 취한다면 접사는 마치 심리적으로 덜 본질적인 것처럼 불가피하게 어근을 뒤따라야만 하며 어근 앞에 위치할 수 없다. 그러나 어떤 경우에라도 카사트렌의 논리는 실질적인 수정이 불가피하다. 즉 몇몇 우랄·알타이어에서 접두화는 비록 매우 약하게 발달하긴 했지만 어쨌든 특징적이다 (예를 들면 한국어에서)[15].

만일 소위 우랄·알타이 제어에서 접미화가 특히 위력적으로 발전했다면 후치사가 전치사의 위상을 차지한다는 점은 충분히 납득할 만하다. 왜냐하면 후치사는 어느 정도는 단어를 구성하는 접미사처럼 문장 구성에서 그와 같은 보조 성분이기 때문이다.

단수와 복수 격접미사의 완전한 일치 역시 언어 구조의 교착적 특징으로부터 나온다. 문제는 소위 굴절어에서 어미는 하나가 아닌 몇 가지 역할을 갖는다는 점이다. 교착어의 경우는 다른 양상을 보인다. 교착어에서 각 형성소는 단 하나의 역할만 갖는다. 예를 들어 튀르크어 동사 *ал*- '잡다, 데리고 오/가다'의 과거 1인칭 단수 형태 *алдым* 은 어간 *ал*-, 과거 접미사 *-ды*-, 1인칭 단수 지표 *-м*으로 이루어졌으며, 핀란드어 *talossani* '나의 집에서'는 어간 *talo*-, 처소격 접미사 *-ssa*-, 1인칭 단수 물주 접미사 *-ni*로 이루어졌으나, *taloissani* 의 경우는 *i*가 복수 어간 형성소이므로 복수형이다. 교착어는 일종의 분석어(analytic language)이다.

---

15) А. А. Холодович, Строй корейского языка, Лгр., 1938, стр. 17.

우세한 교착 구조하에서는 더 말할 나위도 없이 자명하다.

이와 같이 교착어의 형태론적 자질은 언어 구조의 기본 원칙인, 교착 원칙에서 제외되며, 사실 이것은 유일한 원칙은 아니다. 이와 함께 개별 언어들에서 고립·종합(isolating-synthetic) 원칙에서 굴절(fusional) 원칙까지 다양하게 발전된 다른 원칙들이 존재하게 된다.

다음 자질 그룹은 음운론 영역에 속한다. 이 중 하나는 우리가 이미 배제했던 자질로서, 아마도 존재하지 않는 모음 교체이다. 우리는 두 번째 자질, 그 역시 부정적인 자질인 어말에서의 자음무리(consonant cluster)의 불가능 또한 배제한다. 이는 단어 말미의 자음군(consonant group)이 가능하기 때문이다 (비교: 튀르크어의 *acm* '하부', *ÿcm* '상부' 등). 카스트렌이 큰 의미를 부여했던 어두 자음무리의 불가능은 이란제어에서 동일한 현상과 함께 일련의 다른 현상들이 있다는 점을 언급하고자 한다. 따라서 이 자질 역시 그리 본질적이지는 않다.

소위 우랄·알타이 제어의 마지막 음운 자질이 남는다. 이것은 상당히 큰 의미를 부여할 수 있는 모음조화(vowel harmony)이다. 모음조화의 본질은 동일한 한 단어 내에 임의의 모음이 아닌 일정한 모음만 올 수 있다는 것이다. 예를 들면 *a*를 갖는 음절 뒤에 *a*나 *y*, *a*나 *ы*를 갖는 음절은 올 수 있지만 *e*나 *ÿ*를 갖는 음절은 올 수 없다. 모음조화의 발생 원인을 설명하려는 여러 시도들이 있었다. 예를 들어 슈타인탈(Heymann Steinthal)은 모음조화가 우매와 지적 태만, 심지어 게으름에 기인한다고 여겼으나, 물론 이러한 설명은 전혀 반(反)과학적이다. 언어학자들 역시 모음조화의 발생 원인을 증명하지 못했으며, 심지어 우랄·알타이 제어 연구자들에게서도 모음조화가 무엇인지에 대해 모든 경우를 포괄하는 정의를 찾을 수 없다. 그들은 모음조화 규칙에 따라 한 단어에 후설과 전설 모음이 올 수 없다는 일반적인 언급을 하고 있다. 그러나 이것은 옳지 않다. 핀란드어에서 *e* 와 *i*는 나머지 어떤 모음과도 함께 단어에 오기도 하고, 만주어에서 *e* 는, 예를 들어 *a* 와 함께 한 단어에 올 수도 있으며, 에벤크 방언들에서 *ə* 는 이따금 *ā* 뒤에 오는 음절에 위치한다. 현대 몽골 제어에서 *ä* 와 *ö* 는 한 단어에서 *a(ā)*와 *a(ō)* 앞과 뒤에 오는 것을 볼 수도 있다. 이와 같이 모음조화의 본질은 후설모음이 전설모음과 함께 한 단어에 올 수 없는 것이 아니라 일정한 모음이 그 뒤에 엄격히 제한된 모음을 요구하는 것으로 여겨진다. 이것이 첫 번째이다. 모음조화의 유구성과 확산 정도에 관해 말하면서 모음조화는 모든 언어가 아닌 단지 몇몇 핀·우그르 제어에서만 확산되었다는 헝가리 학자 시녜이(József zinnyei)의 언급을 인용하고자 한다. 그 어떤 핀·우그르어에서도 이상적이며 연속적으로 실현된 모음조화는 나타나지 않는다. 모음조화가 헝가리어, 대부분의 서핀란드어, 서마리 방언에서 잘 발달되었다면, 사미어, 코미지리안어, 우드무르트어, 한티어에는 전혀 없다.

조어(祖語, proto-language) 이론의 관점을 지지하는 시녜이는 핀·우그르 조어(祖語)에 모음조화는 전혀 없었고 모음조화는 개별 언어들에서 다양한 조건 하에 서로 독립적으로 발생했다고 지적하고 있다[16]. 비록 시녜이의 조어(祖語) 개념에 동의하지는 않지만 이것은 상당히 중요한 지적이며 이를 차치해서는 안 된다. 핀·우그르 제어에서 모음조화는 적어도 후기 현상이다. 몽골과 튀르크 제어는 이와 관련해 연구된 바가 적다. 그러나 이 언어들에도 모음조화는 존재했으며 아마도 오래 전부터는 아닌 것 같다. 이를 시사하는 것이 바로 동일한 한 어근들이 후설과 전설 모음과 함께 단어를 구성하는 것이다. 예를 들면 몽골어 *ni-kü* '코를 풀다'(전설), *ni-sum* '콧물', *nil-bu* '침을 뱉다'(후설)를 구성하는 *ni*

---

16) J. Szinnyei, Finnisch-ugrische Sprachwissenschaft, Berlin – Leipzig, 1922, 41-44.

를 들 수 있다. 이와 같이 모음조화 자질 역시 자신에게 부여되었던 의미를 상실한다.

따라서 결론은 명확해진다. 튀르크, 몽골, 퉁구스, 사모예드, 핀·우그르 제어를 단일한 우랄·알타이 제어 그룹으로 결합시키기 위한 예전 우랄·알타이학자들의 논거로부터는 아무것도 남지 않는다.

좀 더 최근의 언어학자들의 논거로 넘어가보자. 우랄·알타이 주제에 대한 일련의 연구를 저술한 빙클러(Hugo Winckler)가 여기에 속한다. 소위 우랄·알타이 제어의 교착적 특성과 같은 어느 정도만 공통적이며 현대 언어학자들이 보기에는 명확치 않은 자질들에 만족하지 않았던 빙클러는 이 언어들에 있어 공통적이며 보다 구체적인 자질 성립에 관심을 기울였으며 다음과 같은 두 개의 기본 자질을 설정한다: 1) 우랄·알타이 제어(그가 사용한 용어 따르면 알타이 제어)는 원래 명사형(substantivartig) 명사들만이 특징적인데, 만일 관계의 형태가 이를 허용한다면, 이 중 전자는 항상 종속 성분이며 후자는 지배 성분이다, (2) 그렇지 않을 경우, 관계는 서술적이며 첫 번째 명사는 주어를, 두 번째 명사는 술어를 표현한다[17]. 종속 명사와 지배 명사의 관계는 무엇보다 우선 소유격 혹은 소유격형(genetivisch oder genetivartig)으로 표현된다. 형용사는 피수식어에 대한 소유격형 종속 성분이기 때문에, 수식어로서의 형용사는 피수식어 앞에 위치하고, 형용사 그 자체는 수 혹은 격 접미사를 취할 수 없고, 따라서 지배 성분과 일치될 수 없다[18]. 처음에는 명사만 존재했기 때문에 원래 이와 같은 소유격형 피지배 성분은 문장의 논리적 주어였다. 따라서 문장 *отец идет* [역주4]은 처음에 *отца хождение* [역주5] 혹은 *отец-хождение (отцехождение)* [역주6]처럼 표현되었다[19]. 이와 같이 빙클러는 주로 통사론적 특성에 관심을

17) Die altaischen Völker und Sprachen, Leipzig und Berlin, 1921, 32.
18) Ibid. 33.

기울였으며 이 중 많은 부분이 실제로 이 언어들 중 대다수에 부합한다는 것을 볼 수 있다. 그러나 그는 소위 우랄·알타이 제어의 통사론적 특성은 전적으로 이 언어의 교착적 형태론적 구조로부터 나온다는 점을 간과하였다. 통사론과 형태론은 밀접하게 서로 관련되어있다. 게다가 통사론적 특성은 이 언어들의 형태론적 특성에 상당히 기인한다. 실제로 몽골 제어의 경우를 한번 살펴보자. 만일 서로 다른 두 개의 형태론적으로 변별적인 품사로서의 명사와 형용사가 없다면, *прыткий заяц*역주7 와 *заячья прыть*역주8 과 같은 개념들은 단어 *прыткий* 와 *прыть*역주9, *заяц* 와 *заячий* 역주10가 외적으로 완벽하게 일치되어 표현될 수 있으며, 몽골 제어와 유형론적으로 근접한 또 다른 언어들에서는 이러한 개념들이 이와 같이만 표현되는 것은 명백하다. 문장의 일정한 어순이 부재하는 형태론적 표현 수단을 보상한다.

실제로도 몽골어에서 어결합 *шедший человек* 역주11과 *человек шел* 역주12은 *jabuɣsan kümün* – '*шедший человек*', *kümün jabuɣsan* – '*человек шел*'와 같이 결합하는 단어의 서로 다른 어순에 의해서만 달라진다.

소위 우랄·알타이제어의 다른 통사론적 특성들 역시 이들의 공통적 구조에 기인한다. 지금은 이미 이 언어들의 교착적 통사론적 구조에 관해 언급하는 것이 가능하다. 다시 말해 교착성(agglutination)을 단지 형태론적 자질뿐 아니라 통사론적 자질로서도 이해할 수 있으며, 더불어 교착(agglutinative)이라는 용어의 내용을 다소 확장할 수 있게 되었다. 19세기 중반의 뛰어난 몽골학자인 알렉세이 보브로브니코프 (Aleksey A. Bobrovnikov)는 이것을 확실하게 이해하였다. 그는 몽골어의 소위 종속절은 대부분 어결합이며, 이것의 논리적 술어는 마치

---

19) Die altaischen Völker und Sprachen, Leipzig und Berlin, 1921, 34.

지배어에 의존적인 문장의 단순 성분이 형성되는 것처럼 그렇게 형태론적으로 형성된다는 것을 증명했다. 예를 들면, 러시아어 문장 *тем, что ты привез мне из города новые книги, ты меня обрадовал*은 몽골어의 *ты из города новых книг мне привозом своим меня обрадовал*에 상응한다. 종속절 대신 어결합을 볼 수 있으며, 이것의 논리적 술어는 (질문 *чем обрадовал?*에 대한) 조격으로 형성되었다. 보브로브니코프는 이 어결합을 해당 경우에선 적합하지 않은 "종속절"이라는 용어를 피해 분절문이라고 일컬었다[20]. 또 다른 몽골학자인 산제예프(Garma D. Sanzheev)는 후에 이러한 종류의 "문장"을 전개 성분이라고 불렀다[21]. 산제예프에 의하면 전개 성분이란 하나의 단어가 아니라, 이러한 문장이 술어 대신 전개 성분을 지배하는 단어가 요구하는 격을 취한 동사의 비정형(분사형)을 포함하는 경우를 제외하면 일반적인 문장 유형에 따라 만들어진 단어군으로 이루어진 문장 성분이다. 이와 같이 보브로브니코프는 문장은 (여하튼 몇몇 문장 유형은) 마치 문장 성분과 같은 단어의 구성과 유사하게 만들어진다는 점을 언급했다.

따라서 우랄·알타이 제어의 통사론적 특징은 빙클러가 그렇게 큰 의미를 부여할 정도의 기본적인 자질로 여길 수 없다. 이것은 전적으로 당연히 그리고 필연적으로 이 언어들에 있어 지배적인 교착 원칙으로부터 나온다.

빙클러는 나아가 어휘 내 유사성[22]에 큰 의미를 부여했으나, 언급한 언어들의 흡사 공통적일 수도 있는 요소들에 관해서는 이 분야의 가장

---

20) Алексей Бобровников, Грамматика монгольско-калмыцкого языка, Казань, 1849, 280 сл.

21) Синтаксис монгольских языков, М., 1934, 64 сл.

22) See, for example, Der ural-altaische Sprachstamm, das Finnische und Japanische, Berlin, 1909, 13-57, 244-312.

최근 연구인 소바조(A. Sauvageot)의 연구와 관련해 언급하고자 한다[23]. 소바조는 우랄·알타이학자들의 이전의 모든 방법들을 철저히 재검토 하였다. 그리고 우랄·알타이 제어의 상호적 친연성을 입증하려는 현재 의 시도들은 좀 더 정확한 방법론에 기초하여 이루어져야만 하며 인구 어 비교문법이 그 실례라는 결론에 도달했다[24]. 이처럼 선대학자들의 유사 과학적(quasi-scientific) 체계에 실망한 그는 유일한 방법을 인도유러 피즘(indo-europeism: 인구어 조어 어)에서 보았다. 그의 연구에 대한 비판은 전혀 새롭지 않은 주제인 인구어 비교언어학에 대한 비판으로 불가피 하게 흘러가므로 여기서는 꼭 필요한 언급으로 제한해 보고자 한다.

실례는 인구어 비교문법이어야만 한다고 여긴 소바조는 우랄·알타 이 제어 비교음성학의 원칙을 세우는 것을 당면 목표로 삼았다. 그러나 스스로를 인도유러피즘 지지자라 공언한 소바조 자신은 인도유러피즘 의 기본적이면서도 가장 논란의 여지가 없는 명제에서 심각하게 벗어 난다. 알려진 바와 같이 어떤 언어에 대한 비교언어학 연구는 형식상으 로나마 해당 언어에 대한 충분한 연구가 있을 때 가능하며, 더욱이 기 술적(descriptive) 성격의 진지한 연구만이 아니라 해당 언어의 역사에 대 한 연구가 존재할 때 가능하다. 하지만 퉁구스, 사모예드 제어와 같은 언어들과 심지어 대다수 핀·우그르 제어의 역사문법은 존재하지 않는 다. 언어사가 전혀 알려지지 않았고 방언들조차 완전히 밝혀지지 않은 언어들을 어떻게 비교·연구할 수 있는가? 소바조는 역사적 견지에서 전혀 연구된 바 없는 여러 언어들의 단어를 비교하는 것이 가능하다고 본 것이다.

인도유러피즘의 관점에서 (해당 논지에는 전적으로 동의할 있는) 소 바조의 두 번째 중요한 실수는 그가 단지 한 음소 관계에서만 빈번히

---

23) Recherches sur le vocabulaire des langues ouralo-altaïques, Paris, 1930.
24) op. cit. XXXIV.

일치하는 단어를 비교한 점이다. 소바조는 나나이어 *pe* '자작나무', 만주어 *fija* = 핀란드어 *puu*, 헝가리어 *fa* (p. 5), 라프어 *bāvsa bāksa* '입술 (복수)' = 나나이어 *pému, femu*, 만주어 *femen* (p. 29)와 같은 이러한 유사성에 충분히 만족하였다. 물론 근접한 단어들 간에 다소 유사성이 있다는 것을 부정할 수는 없지만 이 유사성은 초성자음에 국한되어 있다. 이 단어들을 구성하는 나머지 음소들은 완전히 다르며 공통적인 것은 전혀 없다 (*baksa – femu*).

이러한 상황에서 어휘적 근접성은 아무것도 증명하지 못하므로 가치도 없고 그 목적을 달성하지도 못한다. 게다가 쉬로코고로프(S. M. Shirokogoroff)에 의한 어휘적 근접성 분석은 퉁구스 언어학의 견지에서 대부분의 근접성은 옳지 않다는 예상하지 못할 것이 전혀 없는 결론으로 소바조를 이끌었다. 어휘적 근접성은 퉁구스 제어를 우랄·알타이 그룹에 포함시키기 위한 기반을 제공하지 않으므로 따라서 이 그룹에서 제외되어야만 한다는 것이 쉬로코고로프의 결론이다[25].

그렇다면 일련의 언어들을 소위 우랄·알타이 그룹으로 통합시키기 위한 어떤 논거들이 남았을까? 해당 언어들의 통사론적 구조에서의 공통적 특징들은 위에서 이미 언급한 바와 같이 이 언어들의 교착적 특성에 기인한다. 혹은 교착-통사론적 유형과 교착-형태론적 유형은 하나로서 서로 분리 될 수 없다고 할 수 있다. 따라서 소위 우랄·알타이 그룹의 통사론적 특성을 기반으로 세운 논거들은 형태론적 특성에 기반을 둔 논거들에 덧붙일 것이 전혀 없다. 그러나 이미 앞서 언급한 바와 같이 이 언어들의 형태론적 구조의 교착 성분들은 개별적인 것으로 언어 친연성의 증거가 될 수 없다. 이 언어들에 공통 어휘는 없으며 어휘 비교 역시 설득력도 없고 방법론적 관계에서 기대에 부응 하지도 못한다.

---

25) S. M. Shirokogoroff, Ethnological and linguistical aspects of the ural-altaic hypothesis. Peiping, China, 1931, 162.

이와 같이 우리는 우랄·알타이 이론에 있어 침통한 결론에 도달하게 된다. 즉, 이 이론으로 통합된 언어들의 상호 친연성을 밝히기 위한 증거는 없다. 무엇보다 흥미로운 것은 부르주아 언어학의 일반적인 방법들조차 우랄·알타이 이론에 반하여 사용된다는 점이다. 우랄·알타이 이론으로 통합된 언어들 간의 발생적 친연성이 존재하지 않는 것처럼, 그리고 우랄·알타이 조어(proto-language)가 존재하지 않았던 바와 같이 우랄·알타이 그룹 혹은 어족은 존재하지 않는다.

(남서영 옮김)

▶▶ 역자 주

1) 19세기.

2) *ya* '나'(주격) −*mnye* (여격), *my* '우리' (주격) − *nas* (생격).

3) *dom* '집'(주격), *dom-a* (생격), *dom-u* (여격), *dom-om* (조격).

4) *ot'ec id'et* '아버지가(명사 주격) 걸어간다(동사 3인칭 단수형태)'.

5) *otca khozhd'eniye* '아버지의(명사 소유격) 걸어감(명사 주격)'.

6) *ot'ec-khozhd'eniye* (*otcekhozhd'eniye*) '아버지(명사 소유격)-걸어감(명사 주격)'.

7) *prytkij zajac* '날렵한(형용사) 토끼(명사)'.

8) *zajac'ja pryt'* '토끼의(물주형용사) 날렵함(명사)'.

9) *prytkij* '날렵한'과 *pryt'* '날렵함'.

10) *zajac* '토끼'와 *zajac'ij* '토끼의'.

11) *shedshij chelovek* '(걸어)가버린(형동사 과거형) 사람'(명사).

12) *chelovek shel* '사람이(명사 주격) (걸어)갔다(동사 과거형)'.

日本語と琉球語・朝鮮語・アルタイ語との親族関係

服部四郎

I. いとぐち

Transactions of the Asiatic Society of Japanには Prof. Ramstedt[1]
や Prof. Labberton[2]あるいはDr. Whymant[3]らの諸氏の日本語の系統に関
する論文が見える。本協会の言語部会においてこの問題に関し論ずることは
故なきにしも非ずと考えられる。

　日本語は今日まで、アイヌ語、アリューシャン語、エスキモー語、極北ア
ジア語、シナ語、西蔵語、ビルマ語、アウストロアジア語、アウストロネシ
ア語、ペルシャ語・ギリシャ語・アイルランド語などのインド・ヨーロッパ
語族の諸言語あるいはバスク語、スメル語、メキシコインディアン語その他
と親族関係があると説かれたが、それらの説がその言語学的証明に成功して
いるとは考えられないし、これらの諸言語と日本語との間に親族関係の存在
する蓋然性も極めて少ないと私は思う。この点で、私は、新村博士の系統
論[4]や金田一博士の従来の系統論に対する批判[5]に大体において賛意を表する

1) G. J. Ramstedt : A Comparison of the Altaic Languages with Japanese (*TASJ*,
   Second Series Vol. I, 1924)
2) D. Van Hinloopen Labberton : The Oceanic Languages and the Nipponese as
   Branches of the Nippon-Malay-Polynesian Family of Speech (*TASJ*, Second
   Series Vol. II, 1925)
3) A. Neville J. Whymant : The Oceanic Theory of the Origin of the Japanese
   Language and People (*TASJ*, Second Series Vol. III, 1926)

ものである。 シナ語からはおびただしい単語が日本語の中にはいったし、 また、 アウストロネシア語やアウストロアジア語族[6]からも単語の借用が行われた蓋然性はあるが、 これらの諸言語と日本語との親族関係を肯定することは非常に困難であると思う。

日本語と親族関係を有する言語は、 といえば、 第一に琉球語をあげなければあならない。 その外に求めるならば、 まだ言語学的証明が完成しているとはいえないが、 親族関係のある蓋然性の最も大きい言語として、 朝鮮語が我々の眼に映じてくる。 さらに、 いわゆるアルタイ語、 即ちトゥングース語・蒙古語・チュルク語が蓋然性のあるものとして挙げられるであろう。 C. K. Parker[7]氏によって日本語とチベット∥ビルマ語族との同系説が唱えられたが、 我々を納得させることはできない。

以上によって、 大体結論を述べたことになるが、 以下に、 日本語と他の言語との親族関係を証明すると考えられる最も確実な証拠について述べ、 親族関係を肯定するための証拠と称せられるものを、 できるだけ厳密に批判してみたいと思う。

II. 琉球語との関係

日本語と琉球語とは、 各々の話し手たちが固有語で談話ができないほど著しく違っている。 日本人は古くから琉球語をシナ語の一種と考える者が多かったが[8]、 日本語を習う必要のあった琉球人は琉球語と日本語の類似に早

---

4) 新村出『言葉の歴史』(創元社、 一九四二年)、 新村出『国語系統論』(国語科学講座 21、 明治書院、 一九三五年)。

5) 金田一京助『国語史、 系統篇』(刀江書院、 一九三八年)。

6) Nobuhiro Matsumoto : *Le japonais et les Langues Austroasiatiques*, Paris, 1928はこの点に関し有益な暗示を与える。

7) C. K. Parker : *A dictionary of Japanese Compound Verbs*, Tokyo, 1937.

8) 伴信友が『仮字本末』(嘉永三年(一八五〇年)刊)に琉球語が日本語に類似している事をほのめかしているのは、 珍しい例である。 明治以後になると、 識者は両言語の親近性をはっきり

く注意した。一六七五年に死んだ琉球の政治家向象賢は言葉の類似している
のを根拠にして琉球人は日本人と祖先を同じくするとの意見を述べている9)。
西洋人の琉球語の記述の出版されたもので古いものに一九世紀の初頭の英人
Broughton(1804), Fisher(1817), Clifford(1817)の語彙があり10)、Forcade,
Bettelheim11), Gutzlaffらの宣教師も琉球語を研究しているが、日本語と琉
球語との親族関係を学問的に証明したのは B. H. Chamberlainの論文12)が最
初のものであろう。この両言語は、形態論的構造、シンタックス的特徴が非
常に類似しているばかりでなく、基礎的な語彙が一致している。その後、伊
波普猷先生らの研究によって、台湾に近い宮古島・八重山諸島の言語のみな
らず、大隅の大島・徳之島の言語までが、沖縄本島の言語に近いことが明ら
かとなり、東条操先生は『国語の方言区劃13)』において、標準日本語のe, o
に対してi, uを示し、形容詞・動詞の活用が著しく異なり、特殊な単語を
もっている点、などより大島以南の列島の言語を「琉球方言」と総称して、
種子島・屋久島を始め口之島・中之島・諏訪瀬島などを含む大隅の島々以北
の九州・四国・本州の諸方言を総括した「内地方言」に対立させておられ
る。東北は北海道から、西南は八重山諸島に至る島々に行われる言語を、こ
のように二大別する説は、大体正しいと思われる14)。

　　認識した。伊波普猷「琉球語概観」(『方言』4の10)。

9)　伊波普猷『古琉球』(丸善株式会社、一九一一年、三頁)。

10)　同書、新村出博士序、三頁。伊波普猷「琉球語概観」(『方言』4の10)。

11)　Forcadeは一八四四年琉球に来り一三ヶ月滞在一万語以上の語彙を集め、B. J. Bettelheim は一八四六年から一八五四年まで那覇に滞在、文典と辞典を著わしたが、いずれも刊行されなかった。雑誌『方言』4の10の伊波普猷先生、金城朝永氏、土井忠生博士らの論文参照。

12)　B. H. Chamberlain : Essay in Aid of a Grammar and Dictionary of the Luchuan Language (*TASJ*, Vol. X X Ⅲ Supplement, 1895). なお W. G. Aston氏のOn the Loochuan and the Aino Languages(Church Missionary Intelligencer, 1879)という論文がある由であるが、未見である。

13)　育英書院、一九二七年。この書が説明書となっているところの「大日本語方言地図」に見える「内地方言」と「琉球方言」の境界線によって、私が以下のように記述した。

　日本語と琉球語とが同系であることの、動かし難い証拠とすることのでき
る二、三の点について述べよう。

　両言語の音韻の間には厳密な音韻対応の通則即ちいわゆる音韻法則が見出
される。たとえば、

日本語(東京方言)　　　i, e　　　‖ 琉球語(首里方言)　　　i

　　　〃　　　　　　u, o　　　‖　　　〃　　　　　　u

例15)

日本語	ci(血)	hi˥(火)	i˥ki(息)	kiri(霧)	mimi˥(耳)
琉球語	ci˥i(〃)	fii(〃)	ʔiici(〃)	ci˥ri(〃)	mimi(〃)
日本語	ke(毛)	te˥(手)	kane(金)	sake(酒)	ude˥(腕)
琉球語	ki˥i(〃)	tii(〃)	ka˥ni(〃)	sa˥ki(〃)	ʔudi(〃)
日本語	ju˥(湯)	hu˥ne(舟)	mu˥ŋi(麦)	uta(歌)	hiru˥(昼)
琉球語	juu(〃)	funi(〃)	muzi(〃)	ʔu˥ta(〃)	firu˥(〃)

但し、日本語 su, cu ‖ 琉球語 si, çi

例 suna(砂) cu˥ju(露) ‖ si˥na(砂) çiju(露)

| 日本語 | o(緒) | o˥bi(帯) | kono(此) | ka˥do(角) | sode(袖) |
| 琉球語 | u˥u(〃) | ʔuubi(〃) | ku˥nu(〃) | kadu(〃) | su˥di(〃) |

　アクセントの型の對應にも、かなり著しい通則が見出される。たとえば、金
田一春彦氏の「國語アクセントの史的研究16)」によると院政時代即ち一一世
紀末および一二世紀頃の京都方言には、二音節名詞に五つの型があった。諸
方言のアクセントを比較すると次のようである17)。

---

14) ただし、琉球語と九州方言(の一部)とを、他の日本の諸方言から切り離す「等語線
　　(isoglotticlines)」は多少ある。たとえば琉球の首里方言のkuubaa(蜘蛛)阿伝方言のkʼubu
　　˥u(蜘蛛)の語根と与那嶺方言のhu˥bu(蜘蛛)とは、九州方言のkobu(蜘蛛)に当り、他の日
　　本語方言のkumoとは異なる。アクセントに関しても、同様な現象があるようである。

15) 音声記号については註17を参照。

16) 日本方言学会編『国語アクセントの話』(春陽堂、一九四三年)所収。

17)「与那嶺」は沖縄島、国頭郡、今帰仁村、字与那嶺の方言。「阿伝」は大島郡、喜界
　　島、阿伝の方言。いずれも昭和五、六、七年頃の調査。
　　[˥]は声が高く始まるか、その所で低から高へ移ることを表し、[˩]はそこで声が高から

	日本語		琉球語			
	東京	京都	首里	那覇	与那嶺	阿伝

Ⅰ「上上」と記されているもの、即ち高高型。

	東京	京都	首里	那覇	与那嶺	阿伝
(飴)	ame	⌐ame	a⌐mi	⌐aminu	a⌐mi:	a⌐mi
(金)	kane	⌐kane	ka⌐ni	⌐kaninu	ha⌐ni:	ha⌐ni
(袖)	sode	⌐sode	su⌐di	⌐sudinu	su⌐di:	su⌐di

Ⅱ「上平」と記されているもの、即ち高低型。

	東京	京都	首里	那覇	与那嶺	阿伝
(音)	oto⌐	o⌐to	ʔu⌐tu	⌐ʔtunu	hu⌐tu:	u⌐tu
(橋)	hasi⌐	ha⌐si	ha⌐ši	⌐hasinu	p'a⌐si:	ɸa⌐si
(昼)	hiru⌐	hi⌐ru	fi⌐ru	⌐firunu	pi⌐ru:	si⌐ru

Ⅲ「平平」と記されているもの、金田一氏の推定によれば低低型。

	東京	京都	首里	那覇	与那嶺	阿伝
(網)	ami⌐	a⌐mi	ami	ami⌐nu	ami⌐:	a⌐mi
(島)	sima⌐	si⌐ma	šima	sima⌐nu	sima⌐:	si⌐ma
(山)	jama⌐	ja⌐ma	jama	jama⌐nu	jama⌐:	ja⌐ma

Ⅳ「平下」と記されており、ある助詞が「上」となって接尾するもの、即ち低高(高)型。

	東京	京都	首里	那覇	与那嶺	阿伝
(笠)	ka⌐sa	ka⌐sa	kasa	kasa⌐nu	hasa⌐:	ha⌐sa
(麦)	mu⌐ŋi	mu⌐ŋi	muzi	muzi⌐nu	muzi⌐:	mu⌐ŋi
(臼)	u⌐su	u⌐su	ʔuusi	ʔuu⌐sinu	ʔu⌐si	u⌐su
(中)	na⌐ka	na⌐ka	naaka	naa⌐kanu	na⌐ha	na⌐a

Ⅴ「平上」と記されており、ある助詞が「平」となって接尾するもの、即ち低高(低)型。

	東京	京都	首里	那覇	与那嶺	阿伝
(雨)	a⌐me	a⌐me⌐	ami	ami⌐nu	ami⌐:	a⌐mi
(汗)	a⌐se	a⌐se⌐	asi	asi⌐nu	hasi⌐:	a⌐si
(足袋)	ta⌐bi	ta⌐bi⌐	taabi	taa⌐binu	t'a⌐bi	t'a⌐bi
(露)	cu⌐ju	cu⌐ju⌐	çiju	ci⌐junu	ci⌐ju	tu⌐ju

低へ移るか、助詞がついた場合に語末が高く助詞が低くなることを示す。琉球諸方言においては、c＝[tʃ], ç＝[ts], z＝[(d)ʒ], ẓ＝[(d)z], š＝[ʃ]. sは首里方言以外の諸方言においてiの前で[ʃ]、与那嶺方言ではaの前のみで[s]、その他の母音の前で[ʃ]. fは両唇の無声摩擦音。ñは硬口蓋鼻音。阿伝方言のŋはiの前後で[ɟ]、その他の母音間で[w̃]。与那嶺および阿伝の方言でaspirationの記号のないp, t, c, kは声門閉鎖を伴う無気音。阿伝方言以外の諸方言で、語頭のi, uはそれぞれ[ji][wu]。語頭のaは普通声門破裂音で始まる。琉球語に関する限り、この論文においてはすべて同様。（補註。この表記は音韻表記に近づいたものである。）

動詞や形容詞においても、 同様なアクセントの型の対応が見出される。 た
とえば、 二音節の四段活用動詞は、 二種の型を有するが諸方言のアクセント
を比較すると次のようである[18]。

I 「終止形」が「上平」と記されているもの。

	日本語		琉球語			
	東京	土佐	首里	那覇	与那嶺	阿伝
(置)	oku	⌈oku	ʔu˥cuɴ	⌈ʔucuɴ	hu⌈cuɴ	ʔucu⌈i
(継)	cuŋu	⌈tugu	çi˥zuɴ	⌈cizuɴ	ci⌈zuɴ	
(積)	cumu	⌈tumu	çi˥nuɴ	⌈cimuɴ	ci⌈muɴ	tuɲu⌈i
(飛)	tobu	⌈tobu	tu˥buɴ	⌈tubuɴ	tʻu⌈biɴ	tʻuzu⌈i
(巻)	maku	⌈maku	ma˥cuɴ	⌈macuɴ	ma⌈cuɴ	macu⌈i

II 「終止形」が「平上」と記されているもの。

(書)	ka˥ku	ka⌈ku	kacuɴ	ka⌈cuɴ	hacu⌈ɴ	kʻa⌈cu⌉i
(立)	ta˥cu	ta⌈tu	tacuɴ	ta⌈cuɴ	tʻacu⌈ɴ	tʻa⌈cu⌉i
(飲)	no˥mu	no⌈mu	nunuɴ	nu⌈muɴ	numi⌈ɴ	nu⌈ɲu⌉i
(読)	jo˥mu	jo⌈mu	junuɴ	ju⌈muɴ	jumu⌈ɴ	ju⌈ɲu⌉i
(待)	ma˥cu	ma⌈tu	macuɴ	ma⌈cuɴ	macu⌈ɴ	ma⌈cu⌉i

その他の動詞についても、たとえば、次のような型の対応がみとめら
れる。

---

18)「土佐」は高知県土佐郡一宮村徳谷の方言。 この方言ではd, gの前の母音に鼻音化がある。
　　但し、b, zの前には鼻音化がない。 阿伝方言の第一類の語形は、 第一音節にも高さの山が
　　ある。
　　現代の本州諸方言などの「終止・連体形」は院政時代の「連体形」に当る。 院政時代の「終
　　止形」は後に用いられなくなった。 第一類の「終止形」と「連体形」とは、 院政時代にお
　　いてはアクセントが異なり、 前者は「上平」後者は「上上」と記されている。 現代の京都
　　方言の高高型(土佐方言のと同じ)は後者を受けつぐものであろう。 琉球語の形としては、
　　文を終止する形を挙げた。 これは、 日本語の「終止形」にも「連体形」にも当るものでは
　　なく、「連用形＋をり」に当る。 即ちcizuɴ, macuɴなどは「つぎをり」「まきをり」に当
　　る。 この事については、 さらに後にのべる。 第一類と第二類とのアクセントが違う点を比較
　　するためには、 この形を用いても差支えない。

	東京	土佐	首里	那覇	与那嶺
(開)	akete	a˥kete	a˥kiti	akiti	ha「ki：˥ti
(溜)	tamete	ta˥mete	ta˥miti	tamiti	t'a「mi：˥ti
(煮)	niete	ni˥ete	ni˥iti	niiti	「ni：˥ti
(惚)	horete	ho˥rete	fu˥riti	furiti	p'u「ri：˥ti
(掛)	ka˥kete	ka「ke˥te	kakiti	kakiti	haki「ti
(矯)	ta˥mete	ta「me˥te	tamiti	tamiti	t'ami：「ti
(見)	mi˥ete	mi「e˥te	miiti	miiti	mi：「ti
(晴)	ha˥rete	ha「re˥te	hariti	hariti	p'ari「ti
(周章)	awatete	「awa˥tete	a˥watiti	「awatiti	a「wa：˥titi
(浮)	ukabete	「uka˥bete	ʔu˥kabiti	「ʔukabiti	hu「ka：˥biti
(固)	katamete	「kata˥mete	ka˥tamiti	「katamiti	ha「ta：˥miti
(隔)	heda˥tete	he˥datete	fidatiti	fidati「ti	p'ida：「ti˥ti
(調)	sira˥bete	si˥rabete	širabiti	sirabi「ti	sira：「bi˥ti
(定)	sada˥mete	sa˥damete	sadamiti	sadami「ti	sada：「mi˥ti

形容詞においても、たとえば、次のような型の対応が認められる。

	東京	土佐	首里	那覇	与那嶺
(赤)	akaku	「ako˥o	a˥kaku	「akaku	ha「ka：˥ku
(暗)	kuraku	「kuro˥o	ku˥raku	「kuraku	ku「ra：˥ku
(甘)	amaku	「amo˥o	a˥maku	「amaku	a「ma：˥ku
(厚)	acuku	「atu˥u	a˥çiku	「aciku	ha「ci：˥ku
(白)	si˥roku	si「ro˥o	širuku	siru「ku	siru「ku
(深)	hu˥kaku	hu「ko˥o	fukaku	fuka「ku	puka：「ku
(辛)	ka˥raku	ka「ro˥o	karaku	kara「ku	hara：「ku
(熱)	a˥cuku	a「tu˥u	açiku	aci「ku	haci「ku
(怪)	ajasiku	「ajasju˥u	a˥jašiku		a「ja：˥ku
(難)	mucukasiku		mu˥çikašiku	「mucikasiku	mu「ci：˥kaku
(恥)	hazuka˥siku		hazˇikašiku	hazikasi「ku	
(珍)	mezura˥siku	「medurasju˥u	mizˇirašiku	mizirasis「ku	mizi「ra˥ku

　以上のべたアクセントの型の対応は、もちろん単なる偶然事とすることができないし、また借用関係によっても説明することができない故、これらの諸言語が共通の祖語にさかのぼるためであると説明しなければならない。上のアクセントの型が対応する事実はこれらの諸言語が同系であることの有力な

証拠の一つとすることができる。

　琉球語の動詞・形容詞の活用は日本語のと著しく異なり、動詞の語尾変化は「ほぼ一定して居り、内地の如く種々な活用の種類を判然と区別しにくく、大体においては文語の奈行変格活用に近い」といわれ、「形容詞の語尾変化はある一定の形式はもっているが、動詞の活用と極めて類似した変化をする」といわれる[19]。

　しかし、前にも述べたように、琉球語の動詞のいわゆる「終止形」は、現代日本語(東京・京都などの方言)の「終止連体形」にも、奈良時代の日本語の「終止形」にも当るものではなく、大体において、「連用形」に当る形に「居り」に当る動詞の接尾複合したものである。(例外は「居り」に当るuNと「有り」に当るaNの二つだけである[20]。類推作用により更に変形したものもある。)

　　　?ucuN ≪置く≫　=?uci(おき oki) +uN(をり wori)

　　　cizuN ≪継ぐ≫　=cizi(つぎ tugi) +uN(をり wori)

　　　tacuN ≪立つ≫　=taci(たち tati) +uN(をり wori)

　　　fušuN ≪乾す≫　=fuši(ほし fosi) +uN(をり wori)

と説明することができる。このuNの複合した形が種々の全く並行的な変化をするのと、「連用形」+「て」に当る「音便形」にuNあるいはaNが接尾複合した形が、また種々の全く並行的な変化をするのが大きい原因で、琉球語の動詞は一見すべて一種の活用をするように見えるけれども事実はそうではない。琉球語と日本語との動詞の活用を比較するには、琉球語においては、これらのuN, aNの複合した形を除外して見なければならない。

　首里および那覇の方言のuN、aNの活用形には次のようなものがある。

---

19) 東条操『国語の方言区劃』(註13)の一九頁。

20) アクセントは次のようである。

　　首里 u⌐N, aN；那覇 uN, aN；与那嶺「uN, a「N；阿伝 gu「i, a」i。院政時代の文献では「をり」は「上平」、「あり」は「平上」と記されている。

	意味	首里	那覇
(1)	居ない, (で)ない	u ⌉ raɴ, araɴ	⌈uraɴ, a ⌈raɴ
(2)	居たい,	u ⌉ i-bu ⌉ saɴ,	⌈ui-busaɴ,
	有るそうだ	ai-gi ⌉ saɴ	ai-⌈gi ⌉ saɴ
(3)	居る, 有る	u ⌉ ɴ, aɴ	uɴ, aɴ
(4)	居る, 有る〔duの結び〕	u ⌉ ru, aru	uru, aru
(5)	居るからこそ,	u ⌉ riwadu,	⌈uriwadu,
	有るからこそ	ariwadu	a ⌈ri ⌉ wadu
(6)	居れ, 有れ	u ⌉ ri, ari	

これらの形が、奈良朝の日本語の動詞活用形と、次のように対応することは疑いない。

(1)未然形	(2)連用形	(3)終止形	(4)連体形	(5)已然形	(6)命令形
をら, あら	をり, あり	をり, あり	をる, ある	をれ, あれ	をれ, あれ
ura-. ara-	ui-, ai-	uɴ, aɴ	uru, aru	uri-. ari-	uri, ari

「終止形」に当るuɴ, aɴは、音韻法則的にはui, aiとあるべきだが、常に文の末尾に用いられたので、特別の音韻変化を被ったものであろう。阿伝方言にはgu⌈i(同じ島の早町方言ではu⌈i), a⌉iという形がある。(補説(1)、本書一三一頁以下参照。)

その他の動詞においては、上の二つの動詞が接尾複合した活用形が有力に用いられたのが一つの大きい原因で、類推作用により活用形の広汎な一様化がおこったと思われる。しかし、日本語の「来る」に当る動詞の次の活用形は注意すべきものである。

	意味	首里	那覇
(1)	来ない	kuuɴ	kuu ⌈ɴ
(2)	来たい	cii-busaɴ	cii-⌈bu ⌉ saɴ
(5)	来るからこそ	kuuriwadu	ku ⌈ri ⌉ wadu
(6)	来い	kuu	kuu

これらの形は、奈良朝日本語の活用形と次の用に対応するものと認められる。

(1)未然形 kö	(2)連用形 ki	(5)已然形 kure	(6)命令形 kö
kuu-	cii-	kuuri-(kuri-)	kuu

仲宗根政善氏の研究[21]によると与那嶺方言には次のような活用形がある。

(1)未然形	(2)連用形	(4)連体形	(5)已然形	(6)命令形
kö	ki	kuru	kure	kö
hu：(-), hu-	si：-	kuru：	kuri：-	hu：

この方言のhuは日本語の「コ」に当り、kuは「ク」に当るから(siは「キ、シ、セ、ス」のいずれかに当る)、上の活用形が正確に対応し合うものであることは疑いない。

　この動詞はその使用頻度が高かったためにその不規則活用が保たれたのであって、この不規則活用の一致は、これらの言語間の親族関係を肯定する有力な証拠の一つとすることができる。

　琉球語の形容詞は、たとえば次のように変化する(那覇方言)。

活用形の意味	(暗)	(辛)	(珍)[22]
(暗い)そうだ	⌈kurasaai-gi⌉saɴ	ka⌈ra⌉sai-⌈gi⌉saɴ	mizi⌈ra⌉sai-⌈gi⌉saɴ
(暗い)	⌈kurasaɴ	ka⌈ra⌉saɴ	mizi⌈ra⌉saɴ
(暗い)からこそ	⌈kurasariwadu	ka⌈ra⌉sariwadu	
(暗く)ころあれ	⌈kurasadu aru	ka⌈ra⌉sadu aru	mizi⌈ra⌉sadu aru

上の動詞aɴの活用と比較すると、これらは形容詞の「語幹」に接尾辞「さ」のついた形に、aɴの活用形が接尾複合しているものと認められる。伊江島川平方言には、

---

21) 伊波普猷氏還暦記念出版『南島論叢』(沖縄日報社、一九三七年)所収の「加行変格『来る』の国頭方言の活用に就いて」。
22) mizirasa- の代わりに mizurasa- という形も用いられる。

⑴ asasaaɴ≪浅い≫、o：saaɴ≪青い≫、nagasaaɴ≪長い≫、harasaaɴ≪辛い≫

⑵ atarašaaɴ≪惜しい≫、uturu：šaaɴ≪恐ろしい≫、muçikašaaɴ≪むずかしい≫、

miʑira：-šaaɴ≪珍しい≫

のような形があって、これらが「あささあり、あをさあり、おとろしさ(十津川方言などにあり)あり、むつかしさあり」などに当ることは明らかである。

　aɴの複合しない活用形には、アクセントの型の比較の所(本書一〇三頁)で示したような、日本語の形容詞の「連用形」に一致するものがある。

　名詞に接尾する琉球語の助詞には、ga(が)、nu(の)、ni(に)、tu(と)、kara(から)、madi(まで)のように日本語の助詞と形の一致しているものが少なくないが、意味や使用範囲が割合に違っているのは[23]、借用による一致の蓋然性を少なくする。ことに、日本語の「も」に当る琉球語の-ɴは、形の上の外見上の不一致が、かえって両者の語源的同一性の証拠となる。

	首	里	那	覇
(金)	ka⌐ninu	ka⌐niɴ	⌐kaninu	⌐kaniɴ
(音)	ʔu⌐tunu	ʔu⌐tuɴ	⌐ʔutunu	⌐ʔutuɴ
(山)	jamanu	jamaɴ	jama⌐nu	ja⌐maɴ
(笠)	kasanu	kasaɴ	kasa⌐nu	ka⌐saɴ
(中)	naakanu	naakaɴ	naa⌐kanu	naa⌐kaɴ
(汗)	asinu	asiɴ	asi⌐nu	a⌐siɴ
(足袋)	taabinu	taabiɴ	taa⌐binu	taa⌐biɴ

上の二つの助詞のうち、-nuは日本語の助詞「が」と同じ意味に多く使われるが、「の」の意味にも用いられ、後者に当ることは疑いない[24]。-ɴは「も」と同じ意味に用いられ、これに当ると思われる。しかしながらmumu(桃)、simu(下)、kumu(雲)、ʔ^ɴmu(芋)のように、日本語の「モ」に対しては、こ

23) 金城朝永『那覇方言概観』(三省堂、一九四四年)。
24) これらの琉球方言の nunu(布)；çinu, cinu(角)；munu(物)と日本語の nuno, cuno, monoとを比較せよ。

れらの方言は普通muを示す。 日本語のある方言では、 アクセントの上で「の」
は高く、「も」は常に低いから[25]、 これが両言語の祖語のアクセントをうけつ
ぐもので、 琉球語ではアクセントの区別は失われたけれども、 -nuと-Nとい
う形に祖語のアクセントが反映しているのであろう。 恐らく、 過去におい
て、 琉球語には音節を閉じ得る唯一の子音が-mであった時代があり、 その時
代に助詞の-muが-mに容易に変化し得たのであろう。 この推定の根拠とし
て次の諸点をあげることができる。 即ち、 琉球語の動詞にami≪有るか≫、
umi≪居るか≫のような疑問を表わす形があり、 kacumi≪書くか≫、
kakani≪書かないか≫、kurii≪これか、kuri=これ≫ などと比較すると、
am-i, um-iと分析し得るから、 これらの動詞では次のような音韻変化がお
こったと推定し得る[26]。

$$ari \rightarrow am \rightarrow aN$$
$$uri \rightarrow um \rightarrow uN$$

さて、 琉球語において、 音節nu, niは

nunu(布), nuka(糠), numi(蚤、 鑿), nuusi(主)；nisi(≪北≫, 日本語の「西」にあた
る), nici(熱)

などのように普通保たれているのに、 音節mu, miのあるものは、 閉鎖音・鼻
音・摩擦音の前で、 音節 N, N：(音韻論的にはNN)に変化している[27](那覇方言)。

---

25) たとえば京都方言では「kane,(金)「kaneno,「kane」mo；「ja」ma(山),「
  jamano,「ja」mamo；na「ka(中), naka「no, na「ka」mo.
26) この新説が正しいとすれば、 チュルク語の疑問を表わす-mi(~-mi~-mü~-mu)と、 琉球
  語のami, umiの-miとを比較することはできなくなる。
27) 但し次の場合にはnu, niの代わりにNが現れる。
    ʔiN(犬), ciN(着物=衣), biN(紅)
  日本語のmo, meに当るmu, miはそのまま保たれている。
    mumu(桃), munu(物), mizirasaN(めずらしい)

ŋka「si(昔)，「ŋkati(向って)，「ŋkeejuN≪迎える≫，NN「su(味噌)，Nni〔nni〕(胸)，NN「ci(見て)

せまい母音も鼻音の前で ʔN になる。

ʔNmu〔ʔmmu〕(芋)，「ʔNmarijuN≪生れる≫，

ʔNni〔ʔnni〕(稲)，「ʔNnazi(鰻)，ʔNzu「cuN≪うごく≫[28]

これは，おそらく，子音の前のmuが弱まって成節的のmとなり(mukasi → mkasi ; muni → mni)，両唇鼻音の前の狭母音もʔmとなり(ʔimu → ʔmmu)，次に今日の状態となったのであろう。そして，成節的であり得る鼻音がmのみである時代に，

jamamu	→ jamam	(山も)[補註1]
kasamu	→ kasam	(笠も)
ari	→ am	(あり)
uri	→ um	(をり)

日本語のmu，miに当るものでも，次の音節の母音が日本語のu，iに当る時に保たれる。

mici(道)，mizi(水)，mimi(耳)，musi(虫)，muzi(麦)

但し，muu「ku(簑)は例外だが，日本語にも「モコ」という方言がある。また，二音節語(一音節語は勿論)では語幹末のmi，muは保たれるが，三音節語にはkagaN(鏡)のような例がある。日本語の助詞「も」に当る-Nは，それが常に「文節」(Syntagma)の終りに来，しかも弱く発音されたために，特別の音韻変化をとげたのであろう。

28) 日本語の多くの方言で〔uŋoku〕〔iŋoku〕であり，土佐方言で〔g〕の前の母音に鼻音化がある。原始日本語の母音間の〔g〕の少なくともあるものに鼻音性があったと考えることができる。

補註(1)　kagaN(鏡)、izuN(泉)、çiziN(鼓)のような例がある一方、kasimi(霞)、naçimi(なつめ)、surumi(鰯)、ʔuukami(狼)、ciçini(狐)、sumumu(李)、ʔoomu(鸚鵡)などでは末尾母音を保っている。

これらの中には日本語から近頃輸入された単語もあるであろう。しかし、私の方言で〔カガミ(院政、平平平)、イズミ、ツズミ(上上上)、カスミ(上上上)、ナツメ(上上上)、スルメ〕であって、上の末尾母音の消失が祖語のアクセントと関係があるとはいえないようである。(補説(2)、本書一三六頁以下参照。)

という音韻変化もおこったものと思われる[29]。(補説(1)、本書一三一頁以下参照。)

　代名詞にも琉球語と日本語の一致が見られる。那覇方言[30]の例を示すと、第一人称代名詞にwaaがあり[31]、これは奈良朝の「わ」と同じものである。『おもろさうし[32]』には「あ」「あん」という第一人称代名詞が見えるが、前者は奈良朝の日本語の「あ」に当る。第二人称代名詞のnaaは奈良朝の日本語の「な」に当る。kuri, ari；kunu, anuが「これ、あれ、この、あの」に当ることも明らかである。taa≪誰≫は奈良朝の日本語の「た」に当る。zuri≪どれ≫[33]は「いずれ」に、caga-「ta≪どちら≫[33]のca-は「いかに」の「いか」に当る。宮古・八重山[34]の方言のkariは「かれ」に当る。

　数詞は次のようである。那覇方言の形を示す。括弧の中は日本語の最古形[35]。

1 tii「ci (pitötu), 2「taaci (putatu), 3「miici (mitu), 4「juuci (jötu), 5「ʔicici(itutu), 6「muuci (mutu), 7「nanaci (nana-), 8「jaaci (jatu), 9「kukunuci (kökönö-), 10「tuu (töwo ← töwö)

---

29) 伊波普猷『琉球の方言』(『国語科学講座Ⅶ』明治書院、一九三三年)の三九頁によれば、一七世紀頃に、琉球語動詞の「終止形」は-mで終わっていたらしい。少なくともそういう形がもう生じていたらしい。その時代には、日本語のkakanu(書かない)に当る打消の形は、琉球語ではkakanuあるいはkakanと発音されたのであろう。少しさかのぼって、一五、六世紀の頃には、ari(有り)という「終止形」がまだ保存されていたようである。服部四郎「琉球語管見」(『方言』7の10、一九三七年)参照。与儀達敏「宮古島方言研究」(『方言』4の10、一九三四年)によると、この方言にはkakïm≪書く≫、mutsïm≪持つ≫のような、-mに終わる「終止形」が部分的に保存されているばかりでなく、m：na(みんな)、mmi(胸)、mtsï(味噌)のような成節的mを有する語例がある。ulïm(居る)という「終止形」はラ行四段活用動詞の類推により変形したものではなかろうか。

30) 代名詞・数詞については金城朝永氏の発音並びに著書『那覇方言概観』(前出、註23)による。

31) waanu≪私が≫の代わりにwaɴが用いられる。waaは蒙古の*ban- (exclusive 'we')と比較し得る。

32) 一五三二年、一六一三年、一六二三年の三回に亘って結集された神歌集。

33) ziriという形もあるが、この方が音韻法則的に「いずれ」と一致する。zuriは「いどれ」にも当り得る形をしている。これらの形及びcagataの語頭の子音は、消失した i-の影響で口蓋化したものである。

34) 東条操『南島方言資料』(刀江書院、一九三〇年)、四四頁。

35) 長田夏樹「上代日本語とアルタイ語族」(『蒙古』10の2、一九四三年)参照。

1と2がやや不規則な形をしているが、やはり「ひとつ」「ふたつ」に当るもの
と思われるし、3以下が「みつ」「よつ」……に当ることは疑いない。「cutaru
≪一樽の容積≫のcu-は音韻規則的に「ひとつ」の「ひと」に当る。

　その他、シンタックス上の特徴にも多くの一致点が見出されるが、以上挙
げた諸点だけでも、両言語間に親族関係のある事に対する十分な証拠とする
ことができると信ずる。

III. 朝鮮語との関係

　日本語と朝鮮語との比較は、既に江戸時代の初に新井白石がその著書『東
雅』(享保四年＝一七一九年)において試みており[36]、両言語の同系説は藤貞
幹(即ち藤原貞幹)の　『衝口発』(天明元年＝一七八一年)に見える[37]のが古いが
非科学的なものであった。西洋人で両言語の類似に言及したのはC. Gu
tzlaff(1833), L. de Rosny(1864), J. Edkins(1871)等が古いが、学問的にこ
の問題を取扱ったのはアストン(W. G. Aston)のA Comparative Study of
the Japanese and Korean Languages(1879)[38]が最初である[39]。彼の同系
説は、後日本の学者に大きい影響を与え、大矢透博士の　「日本語と朝鮮語と
の類似」(明治二二年＝一八八九)を始め多くの論文が現れたが、白鳥庫吉博
士、中田薫博士、宮崎道三郎博士らの研究は特に注意すべきものであり[40]、
金沢庄三郎博士のThe Common Origin of the Japanese and Korean

---

36) 小倉進平『増訂朝鮮語學史』(刀江書院、一九四〇年)、五八頁。
37) 亀田次郎『国語学概観』(博文館、一九〇九年)、四〇頁。
38) *The Journal of the Royal Asiatic Society of Great Britain and Ireland.*
　　New Series, Volume XI. 1879.
39) 小倉進平『増訂朝鮮語学史』(註36)、七二頁以下。
40) Nobuhiro Masumoto : *Le japonais et les Langues Austroasiatiques*(註6)、
　　一三頁以下。
　　小倉進平『増訂朝鮮語学史』六二頁以下。

Languages (Sanseido, 1910)によって最も進歩した形にまとめられた。 この書物については、H. Pedersenが *Linguistic Science in the Nineteenth Century* (Cambridge, 1931)の一三三頁に、

The theory of such a relationship [a relatively distant relationship between Japanese and Korean] is advocated, not without ability, by a Japanese scholar, S. Kanazawa, in a little volume The Common Origin of the Japanese and Korean Languages.

と言っており、 かなり暗示に富む書物であって、 当時はこれによって両言語間の親族関係が証明されたと考えた人もあるが、 今日から見れば、 その証明は成功していないと思われる。 金沢博士はアストン氏が指摘したシンタックス上の特徴ことに語順をとり立てて具体的に論せず、 形態上の特徴の類似に重点をおき、 J. Vendryesのいわゆるmorphème[41]の一致を証明しようとし、 また語彙ことに代名詞の一致を指摘しようとしておられるのは正しい。 しかるに音韻法則は断片的に問題となっているに過ぎない。 単語あるいはmorphèmesの一致を証明するに当り首尾一貫して、 音韻法則を基準とすることがない。 この根本的欠陥が博士の論証を 「証明」 としては無効としているのである。 たとえば

日本語	ba(場)	ha(歯)	ho(穂)	a(我)	na(汝)	ka(彼)	ka(香)	kachi(歩)
朝鮮語	pa(処)	pyö(骨)	pyö(稲)	a(我)	nö(汝)	keu(其)	kho(鼻)	köt(歩)
日本語	kah-u(買)	kak-u(掻)
朝鮮語	kap(価)	keurk(掻)
日本語	kari(雁)	kata(傍)	kata(堅)
朝鮮語	kirö-ki(雁)	kyöt(傍)	kut(堅)

---

41) 即ちsémantèmeに対する。 J. Vendryes ： *Le Langage*, Paris, 1921, p.86 以下。 この術語は十分科学的に定義されているとはいえないが、 いま便宜のためこれを用いる。

日本語の動詞の名詞法といわれるiha-ku, omoha-ku, negaha-ku, mira-ku
などの-kuという接尾辞は朝鮮語のsar-ki(生活、sar=生)、po-ki(外貌、
po=見)、mök-ki(食事、mök=食)の-kiと比較されている(三六頁)一方、日
本語の形容詞などの副司法yo-ku, chika-kuの-kuは朝鮮語のkăt-köi(如
く、kăt=同)、chyök-köi(少なく、chyök＝少)、ka-köi(行かく、ka=行)の
-köiに比較されている(三七頁)。この種の欠陥は、博士が琉球語に言及され
るときに最も明瞭となる。琉球語の動詞の敬語法形、

yubun《呼ぶ》　　　　　　　tuyun《取る》

yuba-bin《呼びます》　　　　tuya-bin《取ります》

の-binは、日本語のyoba-hu(呼)、tora-hu(捕)の‐hu(←*pu)と比較さ
れている(四三頁)が、琉球語のjubun, tujuNは、既にのべたように日本語
の「呼び居り」「取り居り」に当り、jubabiin, tujabiin, icabiinは「呼びは
べり居り」「取りはべり居り」「行きはべり居り」に当るのである。また博士
は、琉球語のne-ran《無い》を朝鮮語のan-irと比較せられ、‐ran, ‐ir
が《有る》の意味する語幹で、ne-, an-が打消の意味を表す接頭語と考え
られているようであるが(五〇頁)、琉球語(那覇方言)のnee] raNの-ran
は、「kooraN(《買わない》、「koojuN《買う》)、hoo「raN(《這わな
い》、hoo「juN《這う》)、「keeraN(《換えない》、「keejuN《換える
》)、「niiraN(《煮えない》、「niijuN《煮える》) などの-raNと同様、
tuu「raN(《通らない》、tuu-「juN《通る》)などの-raNに類推して生じ
たものであって、語幹のnee-は、万葉集の東歌の打消の「助動詞[42]」

なは(未然形)、なへ(甲)(連用形)、なふ(終止形)、なへ(甲)(連体形)、なへ(甲)(已然形)

---

42) 山田孝雄『奈良朝文法史』(宝文館、一九一三年)、五一一頁以下。

と比較さるべきものであろう。

　　昼解けば解けなへ紐の　　十四23　ウ

そうだとすれば、neeranは二重の打消の形ということになる。

　要するに、以上の諸先輩によって指摘された日本語と朝鮮語の文法的構造
の多くの類似は、両言語の間に親族関係の存在する蓋然性の大きいことを示
すものではあるが、その存在を証明するためには、Bloomfield教授のいわゆ
るmorphemes[43]の一致が音韻法則を基準として明らかにされなければならな
い。この意味において、金沢博士の論証は証明としては成功しなかったけれ
ども、博士の指摘されたmorphemesの類似の一部分が、将来の研究によっ
て、真実の対応であることが明らかになる可能性はあり、一方、一見類似し
ていないmorphemesが実は根源的には同一物であることが明らかとなる場
合もあろう[44]。両言語間の音韻対応の通則を発見することがこのように困難
なのは、両者が近い親族関係にあるのではないことを物語るものであろう。
とはいえ、その事実を根拠にして[45]、両言語間に親族関係がないと断定する

---

43) L. Bloomfield : *Language*, London, 1935, §10.2以下。
　　音韻法則を基準とするmorphemesの対応が言語の親族関係の有力な(ある場合には動かす
　　べからざる)証拠となり得るのは、de Saussure(*Cours*, p.100)のいうように、'Le lien
　　unissant le signifiant au signifié est arbitraire'だからである。phonemesの対合
　　が親族関係の証拠となるというのは一つの表現にすぎない。morphemesの対応を離れた
　　phonemesの対応はない。morphemesの対応とは無関係のgrammatical categoriesの
　　「対応」が親族関係の証拠となると考えるのは正しくない。
44)　アルメニア語のerku≪two≫は、ラテン語のduo≪two≫と著しく異なるけれども、これ
　　に対応することは疑いない。なぜなら、
　　　アルメニア語　　erki-(erkiwł≪crainte≫)　　　　　erkar≪long≫
　　　ギリシャ語　　　dwi-　≪craindre≫　　　　　　　dwārón≪longtemps≫
　　を比較すると、アルメニア語のerk-は印欧祖語の*dw-に対応することが明らかだからであ
　　る。A. Meillet : *La méthode comparative en Linguistique Historique*, Oslo,
　　1925, p.6
45)　数詞が類似していないのは、両言語の同系説にとって不利であるが、これを否定する根拠
　　にはなり得ない。他の言語と日本語との数詞の一致はまだ言語学的に証明されていない。

のはかなり危険である。

IV. ウラルアルタイ語族その他と」の関係

　日本語がいわゆる 「ウラルアルタイ語族」 と関係があるという説は、 クラプロート(H. J. Klaproth)がその著 *Asia Polyglotta* (1823, 1831²)に述べたのが最初であるという。 今日では、「ウラル語族」 と 「アルタイ語族」 とは一応切り離して考える方がよいとする説が有力であり、 一方、 朝鮮語とアルタイ語族との親近性が説かれつつある。 しかし、 極度に厳密にいうと、「アルタイ語族」 を構成するチュルク語・蒙古語・トゥングース語相互間の親族関係が、 印欧語族におけるほどの確からしさをもって証明されたとは言い難い。しかし、 以上の三言語が互いに親族関係を有する蓋然性はかなり大きい。 いまは仮に、 ウラル語族・アルタイ(諸言)語という名称を用いることにする。

　また、 日常よく用いられる単語の類似していない点も、 親族関係の存在を否定する根拠とはなり得ない。 同系語である英語とフランス語の間にも次のような不一致が見出される。

英語	head	hair	mouth	hand	finger	
フランス語	tête	cheveu	bouche	main	doigt	
英語	nail	leg	belly	lung	skin	year
フランス語	clou	jambe	ventre	poumon	peau	an
英語	day	evening	moon	cloud	rain	man
フランス語	jour	soir	lune	nuage	pluie	homme
英語	horse	house	earth	woman	child	dog
フランス語	cheval	maison	terre	femme	enfant	chien
英語	tree	grass	leaf	stone		
フランス語	arbre	herbe	feuille	pierre		

逆に、 文法的構造の著しく異なる言語間に単語の類似が見出される場合には、 音韻法則を基準として厳密に検討する必要がある。 シナ語から日本語へはいった借用語においては、 両言語間に非常に明瞭な音韻対応の通則が見出される。 二つの言語の少なからぬ単語が類似していても明瞭な音韻法則が見出されず、 両言語の文法的構造の著しい差異が生じた原因が適当に説明されない時は、 そういう単語の少なくとも一部分のものの類似が偶然の類似に過ぎない蓋然性さえ大きいのである。

クラプロートの後、 彼と同様の説をなしたものに、 Fr. von Siebold, Ewald, A. Boller, Léon de Rosny, J. Hoffmann, Schott, A. F. Pott, Fr. Müller, H. Winkler, J. Grunzel などがある[46]。 これらの中には、 日本語などに関する知識の不完全なものもあり、 かつ語彙の比較に際しては音韻法則が軽んぜられた。 日本の学者の中にもこの種の説を唱える人が少なくなく、 明治時代においては、 白鳥庫吉、 宮崎道三郎、 中田薫、 金沢庄三郎、 鳥居龍蔵の諸博士が注目せられる。

　一方、 当時においても、 日本語を他の諸言語と関係づけようとする説があり、 印欧語との同系説さえ唱えられたが、 藤岡勝二博士が 『国学院雑誌』(一四巻、 一九〇八年)に掲載された 「日本語の位置」 (講演の速記)において、 日本語は直接インド・ヨーロッパ語族と結びつけるべきではなく、 まず 「ウラルアルタイ語族」 との親族関係を仮定すべきだとして、 「ウラルアルタイ語族」 の諸言語に大体において共通してあり、 印欧語とは異なる言語的特徴として、 次の一四箇条を挙げ、 そのうちの第三条のみが日本語に欠けているとせられたのは、 注目に価する[47]。

(1) 語頭に子音が二つ来ない。

(2) r 音で始まる語がない。

(3) 母音調和がある。

(4) 冠詞が無い。

(5) 性が無い。

(6) 動詞の変化が屈折法によらず膠着法により、 一律である。

(7) 動詞につく接尾辞・語尾がかなり多い。

---

46) 亀田次郎 『国語学概論』(註37)、 三三頁以下
　　藤村作 『国文学大辞典』(新潮社、 第二巻、 一九三三年)の 「国語学」 (橋本進吉執筆)。
　　新村出 『国語系統論』(註4)、 二一頁以下。

47) 亀田次郎氏は 『国語学概論』(三九頁以下)において、 この一四箇条を紹介した後に、 第一五条として、 「関係代名詞の無いこと」 を追加した。

(8) 代名詞の変化が印欧語とことなる。 日本語のは助詞即ち「テニヲハ」の接尾による。

(9) 前置詞の代わりに後置詞がある。

(10) 「持つ」(have)という語がなく、「……に……がある」 という表現法を用いる。

(11) 形容詞の比較を表わすのに、 英語のように接続詞(than)を用いないで、 奪格を示す
「テニヲハ」(日本語では「より」)を用いる。

(12) 疑問文は陳述文の終りに疑問を表わす助詞(「日本語では「か」)をつけて作る。

(13) 接続詞の使用が少ない。

(14) 語の順序。 修飾語は被修飾語の前に立つ。 目的語が動詞の前に立つ。

しかしながら、 これらの特徴は、 それらが日本語の近隣の他の諸言語に無いことを明らかにしなければ、 日本語と「ウラルアルタイ語族」との間に親族関係のある蓋然性の大きい論拠として利用することができない。 この意味で、 堀岡文吉氏が『日本及汎太平洋民族の研究』(冨山房、 一九二七年)において藤岡博士の説を批判したのは正当というべきである。 氏に従えば、 上の一四箇条のうち、 1、 4、 5、 6、 7、 8、 10、 11、 12、 13の諸箇条はそのまま 「南洋語」 即ち 「マラヨポリネシアン語族」 にあてはまるから[48]、 堀岡氏はこれらの諸点をそのまま日本語と「マラヨポリネシアン語族」との同系説の根拠の一部とすることができると考えられたようである。 しかしながら、 2、 3(これについては後述)、 9、 14の四箇条の特徴の存在によっても、 日本語と 「ウラルアルタイ語族」 とが同系である蓋然性の方が、 日本語と「マラヨポリネシアン語族」 とが同系である蓋然性より大きいと考えられる[49]。

　とはいえ、 藤岡博士も認めておられるように、 これらの類似点は親族関係の決定的証拠とすることができない。

---

48) 堀岡氏の説がすべて正しいとは言い得ないが、 議論の本筋にはあまり影響しないと思うから、 一々検討しないことにする。 たとえば、 Bloomfield(*Language*, p.171)に従えば
Tagalog語にはaŋ(＝the)という定冠詞がある。

49) 第一条については後に述べる。

1、2のような特徴は、音韻変化の結果失われ得るし、新たに生じ
得る[50]。蒙古語系の甘粛省のMonguor方言では次のような形ができて
いる[51]。

sDa-	≪to be able to≫	← cida-
sDeli-	≪to break≫	← setel-
sDôGu-	≪elder, parents≫	← ötegü
rē	≪man, male≫	← ere
rGuän	≪broad≫	← örgen

3の母音調和の現象が現代日本語にない事実を藤岡博士は軽視せず、その
原因を研究すべきだとして居られるが、後に有坂秀世博士[52]らの研究によっ
て、奈良朝の日本語にもこの現象があったことが明らかとなった。また、一
五世紀の朝鮮語にもあった事が前間恭作氏[53]や小倉進平博士[54]の研究によっ
て明らかとなった。かくして、日本語・朝鮮語がアルタイ語と同系である蓋
然性は一層多くなったわけであるが、この点をこれら諸言語の同系説の決定
的証拠とするのには賛成しかねる。母音調和は日本語を除き、その他の言語
では、語幹のみにとどまらないで語尾(接尾辞)にまで及ぶのが普通であるが、
アルタイ語でも、古くは語幹(あるいは語根)にとどまって語尾にまで及ばな
かったと考えられる点がある[55]。そして、これらの諸言語の語根が一音節あ

---

50) G. J. Ramstedt教授はA comparison of the Altaic Languages with Japanese.
(註59)の四六頁に、次のように述べている。

The Altaic languages have never an *r* or an *l* in this position. This can,
of course, be a special pre-Altaic law, but we may suppose that farther
back in time words could begin also with *l* and *r*.

51) A. de Smedt et A. Monstaert : *Dictionnaire Monguor-Français*, Pei-p'ing,
1933.

52) 有坂秀世『国語音韻史の研究』(明世堂、一九四四年)。

53) 前間恭作『龍歌故語箋』(東洋文庫、一九一四年)。

54) 小倉進平『郷歌及吏読の研究』(京城帝国大学、一九二九年)、五〇七頁以下。

55) 一三世紀の蒙古語には次のような例がある。

　　gerü-daca ; tün-ne〜tün-na

るいは二音節より成り、音韻論的対立の原因となり得る強勢は無いけれども語根(の第一音節)が強く発音される傾向が著しいから[56]、これらの諸言語が同一の祖語から分れ出たとしても、母音調和の現象は、分裂後各言語において独立に発達した蓋然性があるからである。即ち、これらの諸言語の祖語には、まだ母音調和の現象がなかった蓋然性があるからである。

　アルタイ語や朝鮮語の母音は七つ八つあるいはそれ以上あるのに、日本語には五つしかなく、この点でアウストロネシア語のあるものと一致するから、日本語は南方系統であると説く学者もあるが、奈良朝の日本語には、

ka　　　ki　　　kï　　　ku　　　ke　　　kə　　　ko　　　kö

のように、いろいろの母音があったのである[57]。(補説(3)、本書一三七頁以下参照)

　　トルコ語のbana≪私に≫、sana≪汝に≫は*ben-ɣa, *sen-ɣaより変化したものと考えられる。服部四郎『蒙古とその言語』(湯川弘文社、一九四三年)、二一九頁以下。

56) K. Grønbech : Der Akzent im Türkischen und Mongolischen (*Zeitschrift der Deutschen Morgenländischen Gesellschaft.* Bd. 94, Heft 3 (Neue Folge Bd. 19), Leipzig, 1940, SS. 375-398)
　　Б. Я. Владимирцов Сравнительная Грамматика Монгольского Письменного Языка и Халхаского Наречия, Ленинград, 1929, §33.
　　Е. Р. Шнейдер : Краткий Удейско-Русский Словарь, Москва–Ленинград, 1936, 92頁.
　　Г. М. Василевич : Очерк Грамматики Эвенкийского(Тунгусского) Языка, Ленинград, 1940, §11.
　　河野六郎「満州国黒河地方に於ける満州語の一特色」(京城帝国大学文学会編『学叢』第三集)、一九九頁
　　なお、服部四郎「吉林省に満州語を探る」(『言語研究』第7/8号)、五八頁を比較。
　　私の観察によれば、朝鮮語も「文節」(Syntagma)の第一音節が強い傾向がある。G. J. Ramstedt : *A corean Grammar.* Helsinki, 1939, p.30, 1. 20, §73を比較。
　　日本語も「文節」の初めの部分(第一音節あるいは第二音節)が強い傾向がある。服部四郎「『文節』について」(『市河博士還暦祝賀論文集』第二輯)、一三七頁。

57) 橋本進吉『古代国語の音韻に就いて』(明世堂、一九四二年)。kで始まる音節が八種あったことは確かであるが、その音価の推定についてはまだ異説がある。〔kï〕は橋本教授の推定、〔kö〕(öは中舌母音)は有坂秀世博士の推定、〔kə〕は私の推定を橋本教授が採用されたものである。〔kö〕はまず動かない所であろう。昭和二一年一二月一七日の東京帝国大学言

　藤岡博士が指摘されたその他の諸特徴も、親族関係の決定的証拠とすることはできない。ここにおいても、sémantèmesやmorphèmesの一致が、音韻法則を基準として、明らかにされる必要があることは言を俟たない[58]。

　ラムステッド(G. J. Ramstedt)博士のA comparison of the Altaic Languages with Japanese[59]は、この見地からしても、すぐれた論文であるが、まだ比較が断片的であって、これらの諸言語の親族関係を証明し得たとは言えない。藤岡博士の所説と異なっていて、かつ特に注意すべきこの論文の特徴の一つは、日本語とアルタイ語との相違点を、祖語から分裂した後に生じたものと説明しようとしている点である。ラムステッド博士に従えば、日本語の開音節のあるものは閉音節から変化したものである。従って、例えば、日本語のkaはkak, kag, kai, kar, kalなどに遡り得る(四五頁)。日本語になくて、アルタイ語のあるものに見出される「人称活用」については、次のように言っている(五一頁)。

The personal conjugation was nevertheless in pre-Altaic something unnecessary and occasional and the verbs were all grammatically nouns which could function also as predicates.

　　語学研究室会における講演で、村山七郎氏は次のような比較を試みられた。
　　蒙古語kökü≪Brust≫ ‖ チュルク語kökü-z ‖ 日本語kòkò-rò≪Herz≫;蒙古語〔ene〕kü ‖ 日本語kò≪dies≫

58)　Wilhelm Pröhle博士はStudien zur Vergleichung des Japanischen mit den Uralischen und Altaischen Sprachen (*Keleti Szemle*, Tome Ⅶ, 1916/7)において、日本語の文法的構造がウラル語のそれと原則的に一致すると言い、原初的な文法的接尾辞や日本語固有のものと考えられる多くの単語において、日本語とウラル語との間に著しい類似が認められることを指摘して、これらの言語は同系であると認むべきであろうと結論している。しかし、やはり音韻対応の通則の立て方が厳密ではないから、決定的な証明とすることはできない。アルタイ語においても同様な類似が見出された時に、これらの諸言語が同系である蓋然性が一層大きくなる。とはいえ、この論文や、前述の松本信広教授、堀岡文吉氏、C. K. Parker氏らの研究、さらに松村任三博士らの日本語とシナ語との同系論などを比較すると、日本語はいかなる言語とも比較され得るとの印象を深くする。

59)　*TASJ*, Second Series, Vol.1.

　博士はまた 「朝鮮及日本の二単語に就て」(『民族』 1の6、一九二六年)に
おいても、 この両言語が同系である蓋然性の多いことを示すのに成功してお
られる。

　繰返し述べたように、 言語の構造的類似はその親族関係の確認に対して決
定権を持っていない。 それにもかかわらず、 単語の非組織的な比較よりも、
構造的類似の指摘の方が親族関係の存在に対して、 一層多くの暗示を与え得
る場合が少なくないであろう。 この意味において、 ポリワノフ(E. D.
Polivanov)氏が、「朝鮮語と『アルタイ』語との親族関係の問題について」と
いう論文60)において、 日本語に関し述べていることは傾聴に価する。 氏は日
本語とアウストロネシア語との類似点として、

(A) 日本語が原則的に開音節よりなること。

(B) **лексическая морфема** (語彙的形態素、即ちVendryesのsémantème)が原則
　　　として二音節より成ること。

*「pana 」(鼻)

*turum → 西方言 curû → 東方言 「curu(鶴)

*popom → *popô → 京都ho： → 東京 「ho：(頬)

*kvi → (京都) ki「：(木) *ka「ju → *ka「i → *ke → *ki

などを挙げ、 さらに朝鮮語とアルタイ語の類似について次の諸点を挙げている。

(1) 形態的構造が専ら接尾辞的性格を有すること。 日本語では接尾辞が優勢だが、 接頭
　　　辞のついた語形の孤立的な群や反復形のようなアウストロネシア系の遺物がある。

(2) アクセントの位置が一定しておりかつその性質が強弱的であること。 これに反し、
　　　日本語はアウストロネシア語と同様の高さアクセントを有する。

(3) 語彙的形態素がCVCのような一音節よりなる傾向。

---

60) К Вопросу о Родственных Отношениях Корейского и "Алтайских" Языков (Известия
　　　Академии Наук СССР, 1927. 1195頁以下)

（４）母音調和の存在。

（５）音韻体系の一般的性格における類似。

　上のうち、(A)は、日本語と朝鮮語・アルタイ語との同系説にとって確か
に不利な点である。しかし、上に紹介したラムステッド教授の説くような音
韻変化が起った蓋然性は十分あり、その変化が非アルタイ的sub-stratumに
よって生じた蓋然性も無いことはない。とにかく、この音韻的特徴を根拠と
して、日本語と朝鮮語・アルタイ語との親族関係を否定することもできなけ
れば、アウストロネシア語とのそれを証明することもできない。

　(B)と（３）についても同じことが言える。のみならず、アルタイ語等が
CVCVという形のsémantèmesを有しなかったと断定することはできな
い。この点に関聯して、日本語と朝鮮語との間の次の対応は特に我々の注
意をひく61)。

61）S. Kanazawa : *The Common Origin of the Japanese and Korean*
　　Languages(前出)による。私の転写法によれば、pat，kasの古形はbat，gadである。
　　白鳥庫吉博士は「日本の古語と朝鮮語との比較」(『国学院雑誌』第四巻、一八九八年)に
　　おいて、
　　　　日本語　　　　maga(悪)　　numa(沼)
　　　　朝鮮語　　　　mak　　　　nɯp
　　のように対応を指摘しておられる。ラムステッド博士は「朝鮮及日本の二単語に就て」(前
　　出)において、syëm，kom，kat，patの外に、
　　　　日本語　　　　ipe(家)　　siru(汁)
　　　　朝鮮語　　　　chip(家)　　syul(酒)
　　を挙げている。私としてはchipのかわりに朝鮮古語のip≪入り口≫を挙げたい。白鳥博士
　　の指摘されたtsume(爪)に対する朝鮮語のthop(son-thopの)はsonの母音に調和して母
　　音がoとなったもので、原形は*tübであるかも知れない。これらの語例は、他の単語との関
　　係を考慮に入れつつ音韻法則を基準として厳密に検討しなければならない。ことに南朝鮮の
　　方言には高さアクセントがあるから、日本語との間にアクセントの対応があることが明らか
　　となれば、両言語の親族関係の有力な証拠となし得るであろう。

日本語	pata(畑)	nata(鉈)	kasa(笠)	kuma(熊)	kura(洞)	kupa-si(美)
朝鮮語	pat(田)	nat(鎌)	kas(帽)	kom(熊)	kor(洞)	kop(美)
日本語	siba(柴)	sima(島)	seba-si(狭)			
朝鮮語	syöp(薪)	syöm(島)	chop(狭)			

もしこれら幾対かの単語が祖語における同一語根を含むとすれば朝鮮語の方
が、第二音節の母音を失った蓋然性がかなりある。Polivanov氏は同じ論文
において、

日本語	asâ(朝)	curû(鶴)[62]
朝鮮語	ac'am	turum

という対応をさえ認めている。

　(1)に関聯してポリワノフ氏は日本語の接頭辞ma-とアウストロネシア語
のma-との一致を指摘しているが、それにとどまる。日本語の接頭辞には複
合語の第一要素であったものがかなりあり、この種の接頭辞ならば朝鮮語に
もかなり多い。語根の研究は、ことに両言語に関して必要である。但し、今
までに度々試みられたような、あまりに非組織的なしばしば首尾一貫性を欠
くところの「語源研究」は警戒を要する。語幹反復が朝鮮語にも見られるこ
とは金沢博士もラムステッド教授も指摘している[63]。アルタイ語にさえ、断
片的にではあるが見かけられる[64]。

　(2)についてもポリワノフ氏の見解は正しいといえない。なぜなら、南朝
鮮の方言には日本語のと同性質の高さアクセントがあるからである[65]。北朝

---

62) 記号^は京都方言の〔a⌈sa⌉ŋa, cu⌈ru⌉ŋa〕というアクセントを示す。
63) *The Common Origin*(前出)、27頁. *A Corean Grammar*(註56)、§83.
64) 満州語の例、ba ba i≪方々の≫teisu teisu≪各々≫。蒙古語の例、ulam ulam
　　≪段々≫、gurba gurba bar≪三つずつ≫。カザンタタール語の例、törlö törlö≪い
　　ろいろの≫、jaza jaza≪書きながら、書き書き≫。
65) この点に関する私の調査の一部分は次の論文に発表した。「朝鮮語動詞の使役形と受身・可
　　能形」(『藤岡博士功績記念言語学論文集』、岩波書店、一九三五年)。

鮮の方言にこれがないのは、原始朝鮮語のアクセントを失ったものに違いない。日本でも、関東東北部・福島県・宮城・秋田両県南部および九州の宮崎・熊本・福岡・佐賀の諸県の一部などの方言は原始日本語のアクセントを失って、音韻論的にアクセントの無い方言となっている[66]。アルタイ語も、「文節」(Syntagma)の第一音節が強く、「文節」(あるいはそれより小さい言語単位)の最後の音節が高い(と同時に強い)というような傾向は認められるけれども、音韻論的にいうと、Grønbeckの言うように[67]、実はアクセントの無い諸言語というべきである。しかし、これらの言語が過去においてアクセント(恐らく高さアクセント)有した蓋然性はあり、現存のいずれかの方言においてそれが見出される可能性も全然ないことはない。

(4)の母音調和については既に述べたから説明を省略する。

(5)に関しては、ポリワノフ氏は、朝鮮語の殊に一五世紀頃の母音体系が、アルタイ語のそれに似ていると考えているのであるが、日本語にも奈良朝の頃には八種の母音があったのであり、そのうち、少なくともo(男性母音)とö(女性母音)の区別が原始日本語に既にあったことは確実である。現代日本語の母音体系を似て律することはできない。

以上述べたところを概観するならば、ポリワノフ氏のいわゆる"нащупывание компаративной почвы"≪比較研究地盤の手さぐり≫が、日本語にとっては、アウストロネシア語の方面よりも朝鮮語・アルタイ語の方面に向けられるのが正当であるとすることができよう。ただ、我々としては、いろいろな意味で、南方その他の諸言語との比較研究も決して怠ってはならないことを忘れるべきではない。

---

66) 平山輝男「アクセント分布と一型アクセント」(『国語アクセントの話』(註16)所収)。
67) 前述(註56)の論文参照。

V. 比較研究法の根本問題と今後の我々の課題

　最後に、比較研究法の根本問題と、今後の我々の課題について多少お話ししたい。

　文法的特徴のうち、形態的特徴よりもシンタックス的特徴の方が外国語の影響によって変化しやすいと思われる。私は北満州のタタール語とロシヤ語とを話すタタールの青年たちから、次のような表現を度々聞いた[68]。

bardəγázmə　bötőn　ɟirläregezgá　qája　tijéʃ　idegéz　barərγá?
行かれましたが　すべての　場所(あなたの)へ　どこへ　べきで　あった(あなたが)　行く

これは、勿論、タタール語の通常の語順としては、

baracáq　bötőn　ɟirläregezgá　bardəγázmə?
行くべき　すべての　場所(あなたの)へ　行かれましたか

である。上の例は、ロシヤ語の、

Zaxodili　l'　vy　vo　vse　mesta, kuda　vy　dolžny　byli　zaxodit'?
寄りました　か　あなたは　へ　すべての　場所　どこへ　あなたが　べきで　あった　寄る

という語順の影響をうけたものである。このような影響をうけやすい原因は、我々の日常の言語行動(F. parole)に見出されると思う。たとえば日本語では、

　sono ho˥ no to˥ʔte kudasa˥i.

というのが普通の語順であるが、急いでいうときには、

---

68) bar≪行く≫ -dəγəz≪あなたは……した≫ -mə≪か≫ / ɟir≪場所≫ -lär(「複数」) -egez≪あなたの≫ -gä≪へ≫ /i≪ある≫ -degez≪あなたは……した≫ /bar≪行く≫ ərγa≪べく≫

to] ʔtejo　sono　ho] NO.
ho] N　to] ʔtejo　sono.

ということがある。しかるに×o-hoN(を本)とか×jo-toʔte(よ取って)などということはない[69]。

　一般に言語の比較研究においては、シンタックス的特徴よりも形態的構造が重要視さるべきである。しかるに、アルタイ語・朝鮮語・日本語の形態的構造そのものに、これらの言語の比較研究を困難ならしめる原因がある。インド・ヨーロッパ語族の比較研究を容易ならしめた一つの原因は、その曲用や活用の不規則性と形態論的単位のimpénétrabilté[70]である。ギリシャ語のpólei (pólis≪町≫の'dative')は言語学的には分析できるが、常にこのままの形で文の中に現れ、それ自身を構成する成分の位置が変ったり、その間に他の要素がはいることはない。しかるに、アルタイ語などの形態的構造は「膠着的」であり、規則的である。Meillet教授が指摘しているように[71]、ラテン語の es-t：s-untとドイツ語の(er) is-t：(sie) s-indとの対応は、これらの形式が不規則であり例外的であるだけに、両言語間の親族関係の有力な証拠とすることができる。しかるにアルタイ語などにおいては、事情が非常に異なる。たとえばアルタイ語のlocativedativeの語尾である。

チュルク語	-da~-de
蒙古語	-da~-de
満州語	-de

は、祖語の同一の語尾に遡る蓋然性が多いと考える。しかし、それと名詞(形

---

69) 一つの「文節(Syntagma)」をなす成分の排列順序を変更し得ない点が、「文節」の一つの特性であると思う。ただし、英語のhe isとis heとは別の「文節」と見る。

70) A. Meillet : *Introduction à l'Etude Comparative des Langues Indo-Européennes*, Paris, 1934, p.355.

71) *Introduction*, p.32.

容詞など)との結合がきわめて規則的でありかつゆるやかであるために、これ
らの諸言語間の親族関係の証拠としては効力が少ない。なぜなら、この種の
語尾は、ことに形態的構造が類似している場合には、借用される可能性がな
いことはないからである。私は、北満州のタタールの青年たちが[72]、

min‍ʒe barám.　　　　　≪私が行くのだよ。≫
mínte bélmimme.　　　≪私が知らないって？≫

のようにいうのをしばしば聞いた。これはロシヤ語の、

Ya že poydu.
Ya-to ne znaü.

などの že, to という助詞をとりいれたものである。タタール語とロシヤ語とほ
ど文法的構造の異なる言語の間でもこのような借用が行われる。

　この故に、化石化した形式の方が、それがそのまま借用されたものでな
い限り、この種の証拠としては効力が大きいのが普通である。チュルク語で
割合にひろく用いられる反照動詞語幹形成接尾辞 -n- は、蒙古語では -ni-
の形で、

togta-　≪とまる≫　　　togtani-≪据わる≫
joba-　≪苦しむ≫　　　jobani-≪悲しむ≫

のような化石した形に見られ、しかもそのままの語形がチュルク語に見られな
いものがある。満州語では、語幹が一音節で語幹末に鼻音と零の交替する動
詞、たとえば、

---

72)　min≪私≫/bar≪行く≫　-am≪私が……する≫　/bel≪知る≫　-mim≪私が……し
　　ない≫　-me≪か≫

sa-≪伸びる≫   sangka≪伸びた≫   sampi≪伸びて≫

などや、過去時を表わす語尾として-ha~-he~-hoの代わりに‐ka~-ke~-ko
をとる動詞の使役語幹にその痕跡を認め得るだけである[73]。たとえば、

toro-≪鎮まる≫   toroko≪鎮まった≫   torombu-≪鎮める≫
bodo-≪謀る≫   bodoho≪謀った≫   bodobu≪謀らせる≫

朝鮮語では、次の接尾辞-nə-がこれに当るものであろう[74]。

khï-≪to be big≫   khïnə-≪to get larger≫
kil-≪to be long≫   kinə-≪to extend≫

このような接尾辞は、これらの諸言語間の親族関係の証拠として効力が大き
い。

このように考察して来ると、日本語の系統を明らかにしようとする研究者
の前には多くの仕事と多くの困難があることがわかる。

我々は、単語あるいはsémantèmesの比較にしてもmorphèmesの比較に
しても、音韻法則を基準として、今までよりもずっと厳密な方法で行わなけ
ればならない。

各々の言語内において行わなければならないのは、厳密な記述的研究・歴
史的研究・比較研究であり、ことに語根とmorphèmesの研究、同じ語根を
含む単語の一族を見出す研究が大切である[75]。それは借用による外見上の類

73) G. J Ramstedt : *Zur Verbstammbildungslehre der Mongolisch-Türkischen Sprachen*, Helsingfors, 1912, §78が満州語の接尾辞‐na-をチュルク語のこの-n-に当るものと見ているのは正しくないと思う。なお、これによって、満州語では語の第二音節以下で音節末尾の-nが他の場合にも消失した蓋然性のあることがわかるのは注意すべきである。

74) 服部四郎「タタール語の述語人称語尾とアクセント」(『言語研究』第7/8号、一九四一年)、七四頁以下。服部四郎「アルタイ語の反照動詞語幹形成接尾辞-n-」(『民族学研究』12の2、一九四七年)。

75) G. J. Ramstedt : A Comparison(註59)の五〇頁を比較。

似を除外するのに役立つであろう。 日本語や朝鮮語においては特にこの種の研究が必要である。

　各言語内の諸方言の比較研究はもっと厳密に行われなければならないが、それには、 各方言の音韻体系の研究が必要である。 アルタイ語の分野においてさえ、 この種の共時論的研究は非常におくれている。 しかし、 たとえば、チュルク諸方言の比較研究にしても、 この種の基礎的研究なしには満足に行うことができない。 この種の研究が比較研究の基礎として必要であることの一例を挙げて、 このお話を終りたいと思う。

　琉球語与那嶺方言の動詞の終止形には次のような形がある。

　na「N≪成る≫　　ma「ga：ru」N≪曲る≫　　p'a「zi：ma」N≪始まる≫

これらは、 すでにのべたように、 日本語の「成りをり」「曲りをり」「始まりをり」に当るはずであるが、 このように不規則な形を示している。 私は以前に、 第一と第二の形を類推作用によって説明したが、 第三の形の説明に困った。 前に示したように、 この方言の二音節名詞はa「mi：(飴)、hu「tu：(音)などのように、 第二音節の母音の長いのが普通であるが、 ?u」si(臼)、t'a」bi(足袋)のようにこれが短いものもある。 しかるに、 これらも助詞－nuが接尾すると?u」si·nu, t'a」bi·nuのように、 第二音節の母音が半長となる。 その他の単語をもひろく見渡すと、 これらの名詞の第二音節母音が短いのはアクセントの関係によるもので、 この方言では原則として第二音節の母音[76]が

---

76) 語幹が一音節のものはその母音が長く、 助詞が接尾する場合にも語幹の母音は長く語尾の母音が短い。
　　「na：(名)　　「na：」nu(名が)
　　na「：(菜)　　na：「nu(菜が)
　これによって、〔na：〕と〔nu〕との間にある種の切れ目を認めることができる。 私の方言には上上上型と上下下型とあるが、それらから区別された上上下型はない。 しかるに上上型の名詞と下型の助詞との結合より成る文節は、 明瞭に上上下型であって、 名詞と助詞の間に切れ目のあることを示している。

長いという規則があることがわかる。従って、上にあげた三つの動詞はこの方言としては、

       *naiɴ   *maga：iɴ   *pʻazi：maiɴ

のような形で現れるべきだったのである。しかるに、この方言の現在(および近い過去)の音韻体系としては-aiɴ,－a：ɴに終る音節はない。そこで*naiɴ, pʻazi：maiɴは naɴ, pʻazi：manに変形されなければならなかった[77]。しかるに、*maga：-iɴはそれらと並行的に*maga：ɴに変化することができず、かえって*maga：-iɴのように音節が切れたためにそのまま保たれて、かつて私が説明した[78]ような類推作用によって、maga：runに変ったのである。疑問を表わす形が、

       nai「mi   pʻa「zi：mai」mi

であることは、この仮説の支えとなる[79]。即ち、ここではai-miと音節が切れたために、二重母音aiがそのまま保たれた。

  このように、その言語の音韻体系の要請により、一見不規則な変化が起ることは稀ではない。

  日本語と他の諸言語との比較研究を進めるには我々は極めて多量の骨の折

---

77) 琉球語のeeは日本語のai, aeなどに対応し、日本語のeに対応する母音はiであるから、琉球語には短いeがない。与那嶺方言でも事情は同じであるが、この方言には、－a：ɴが無いのと並行して、－e：ɴの存在も音韻体系が許さず-eɴに変化した結果、ɴの前には短いeが現れるに至った。

    ne「n≪無い≫ ne：「nu mu「ɴ≪無いもの≫

78) 服部四郎「『琉球語』と『国語』との音韻法則」(『方言』2の10、一九三二年)、一七頁。

79) 残念ながらmaga：runの「疑問形」は筆記帳に書きとめてない。(補註。仲宗根政善氏にお尋ねしたところ、それが〔maga：rumi〕であることがわかった。即ち、右の仮説に対して支障とはならない。)

  (島村孝三郎先生を通じて受けた文部省科学研究費に対する報告の一部)(昭和二三年一二月)

れる研究をなしとげなければならないが、その際何よりも大切なのは、真の
意味における厳密な研究である。

　補　説

　（1）昭和三三年四月、五月の奄美諸島現地調査より獲た知識によって多少
補説しておきたい。加計呂麻島諸鈍（ショドン）の方言には、[˩ʔa ˥r]と[˩ʔa ˥m]、
[˥ʷu ˩r]と[˥ʷu ˩m]という形式が並存し、それぞれ意義素が異なる。い
ずれも文を終止するために用いられ得るが、[ʔar][ʷur]の方は質問音調をとっ
て「（上の者が下の者に対し愛情をいだいて発する）質問文（「有る？」「居る？」
と訳せる）」を作り得るし、疑問を表わす助詞/na/が接尾して[ʔaŋŋa]≪有る
か≫、[ʷuŋŋa]≪居るか≫という形式を作り得るのに対し、[ʔam][ʷum]の
方は「問い返し文」は作るけれども「質問文」は作らないし、右述の助詞
/na/が接尾し得ない、等々の理由から、[ʔar][ʷur]は不定人称者の判断を表
わし、[ʔam][ʷum]は第一人称者の判断を表わすものと推定される。この推定
の被調査者の金久（カネク）正氏に説明した所、同氏の気持に非常にぴったり合うとの
ことであった。[ʔar][ʷur]は客観的な表現という感じを伴い、[ʔam][ʷum]は
話し手の判断(しかもあまり断定的でない判断)を表わすような気がするとい
う。（詳説は別の機会に譲る。なお、日本言語学会発行『言語研究』三二号
所載の拙稿「ソスュールのlangueと言語過程説」参照。）次に、形の方を検
討すると、[r][m]はいずれも漸弱漸強音でsyllabicであり、[r]の後にはごく弱
く短い[i]が聞え、[m]も持続部は長いけれども唇を閉じてしまうのが本体では
なく、軽く破裂させることが目標となっているという(金久正氏および押角出（オシカク）

身の島尾ミホ氏の報告）。故に、これらは音韻論的にはそれぞれ/ʔarɪ/，ʔamɪ/，/'u˥rɪ/，/'u˥mɪ/と解釈される。(この方言の[mi][mi]はそれぞれ/mɪ/，/mjɪ/に該当する、と解釈する。/ɪ/の代わりに/i/と表記してもよい。）　一方、「鳥」「槍」に対応するこの方言の形式が　/θu˥rɪ/，/'ja˥rɪ/であること、また「鳥」「針」に対応する形式が/θuˑi/，/ɸaˑ˥ˈi/である喜界島阿伝(アデン)方言で、右の/ʔarɪ/，/'u˥rɪ/に対応する形式が/ʔa˥ˈi/≪有る≫、/guˑi/≪居る≫であり、同じく　「鳥」「針」　に対応する形式が/θurjɨ/，/harjɨ/である大島本島の大和浜方言で/ʔarjɨ/≪有る≫、/'urjɨ/≪居る≫であることなどから、諸鈍方言の/ʔarɪ/，　/'u˥rɪ/およびそれに対応する他の琉球諸方言の形式は奈良朝日本語の終止形「アリ」「ヲリ」(連体形「アル」「ヲル」に非ず)に対応すると考えられる。そうすると、諸鈍方言の/ʔamɪ/，/'u˥mɪ/に直接対応する形式は奈良朝・平安朝日本語には無かった、ということになる。しかし、これらの形式の語尾/mɪ/は、意義素の点から考えると、「見ム」「起キム」「有ラム」の　「ム」　と同源である蓋然性が大きい。また、沖縄諸方言の/ʔaN/≪有る≫、/'uN/≪居る≫は、その「疑問形」が/ʔami/≪有るか≫、/'umi/≪居るか≫であるから、諸鈍方言の/ʔamɪ/，/'u˥mɪ/ (/ʔarɪ/，/'u˥rɪ/に非ず)に対応する形に違いない。そして、これらすべての事実は、琉球諸方言が奈良朝以前の日本祖語から発達して来たものと考える一つの根拠とすることができる。

　なお、伊波普猷先生が一五世紀初葉のものと推定される　『華夷訳語』(東条操『南島方言資料』所収)には「有」に対して「阿立」(ari 47、73)とあり、一五〇一年の日附のある　『語音翻訳』(『南島方言資料』　所収)にも　「有麼」≪有るか≫に対して朝鮮字でariと書いてあるから、沖縄の中央語にも古くは諸鈍方言の/ʔarɪ/に対応する形式があったことがわかる。一方、一七一九-二〇年の冊封副使徐葆光の著である『中山伝信録』には「看」≪見る≫に対

して「妙母」とあり、これは、首里の[nu：ɴ]≪見る≫が一八世紀初頭にまだ[mju：m]であったことを示すものと解釈できる。首里その他の沖縄方言の/ʔaɴ/などが[ʔam]から来たという推定の、一つの傍証とすることができる。

　言うまでもなく、ari　→　amという変化が起ったという私の古い推定は、捨てなければならない。即ち、この両形式は、一方から他方へ変化したという関係ではなくて、同時代に対立して共存したことがあったが、沖縄の中央語などではある事情でariの方が廃れたものと考えられる。

　次に、首里方言において、東京・京都の方言の「モ」という音節に対し、しばしばmuが対応するのに、助詞の「モ」に対してはɴが対応するという事実に対する私の新しい説明は次のようである。

　琉球方言の中には、「歯ハ」「木キ」「手テ」等々に対応する一音節名詞の母音が長い方言が沢山あるばかりでなく、「鼻ハナ」「花ハナ」「風カゼ」「雲クモ」「角ツノ」等々の第二母音まで長い方言が所々に見出されるけれども、名詞に接尾するnu≪の、が≫、tu≪と≫、ja≪は≫などの助詞の母音が長い方言は無い。助詞「も」に対応する形式も恐らく母音が短かったために[ᵐ]あるいは更に[ɴ]に容易に変化し得たのであろう。

　この変化には、さらに、次に述べる事情も手伝っていたであろう。今回の調査によって、奄美群島諸方言の中に、奈良朝日本語のo(甲類)とö(乙類)の区別に対応する区別を保っている方言のあることを見出した。この区別は私の調査した範囲では、ことに、二音節名詞の第二音節の「ト」に対応する音節において、最も明瞭に認められる。たとえば(方言の表記は音韻記号による。諸鈍は金久正氏、名瀬は四本秋彦ヨツモト氏、四本五郎氏並びに寺師忠夫氏について調査)、

奈良朝日本語		諸鈍方言	名瀬方言
ato	(跡)	ʔaΘoo	⌊ʔaΘo
sato	(里)	saΘoo ˥	⌊saΘo
pato	(鳩)	hatoo	⌊haΘo
tuto	(苞)	ɿɿtoo	⌊cjito
itoko	(親)	ʔɿΘooxo≪いとこ≫	
Otö	(音)	ʔuΘuu ˥	⌊ʔuΘu
kötö	(事)	xutuu	⌊xutu
mötö	(本)	muΘuu	mu ⌉Θu
kötö	(言)	xutuuba≪言葉≫	⌊xuΘu ⌉ba

(第一音節の母音が無声化されない時は帯気音の/Θ/が、これが無声化される時は喉頭化音の/t/が現れる。) このような対応が確認されると、たとえば、諸鈍/sɿtuu/≪外(ソト)≫、名瀬/⌊suΘu/から*sötöという再構形を立てることもできる。

　音節「ソ」に関しては資料が少ないが、諸鈍の/ʔɿsjoo ˥/≪磯≫、/sɿsoo/≪裾≫が奈良朝のiso, susoに対応するのが注意される。奈良のkuso≪糞≫に対しては諸鈍は/xusuu/を示すが、これは、第一音節の/xu/の後で/soo/が/suu/に変化したものであろう。

　音節「ノ」に関しては、諸鈍方言の次の資料を獲た。/tɿnoo/≪角≫、/nunoo ˥/≪布≫、/Θunuu/≪旧藩時代の代官≫、/xunuumjumɿ/≪好む≫。これらにおける/oo/と/uu/の区別も、祖語の*oと*öの区別にさかのぼる蓋然性が大きい。奈良朝のmönö(物)に対しての方言は/muɴ/を有すが、この名詞は弱く発音されることが多いので形が弱まったのであろう。

　音節「ロ」に関しては、奈良朝のirö(色)、körö(頃)、usirö(後)に対して、諸鈍方言では/ʔɿroo, xuroo ˥, ʔusjɿrjo/のように/o/の現れるのが原則で、条件つきで/u/が現れる。たとえば、/kuruu/≪黒≫、/sjɿrjuu/≪白≫は、名瀬方言などの/ku ˥ru, sjɨ ˥ru/ と比較すると、第一音節の母音が長かったものと考えられる(服部四郎、『日本語の系統』、岩波文庫、一九九九年、四〇三頁以下参照)。

音節「コ」に関しては次の資料を獲た。

奈良朝日本語		諸鈍方言	名瀬方言
sökö	(底)	sɪkuu	˪suxu
yökö	(横)	'juxuu ˥	˪'juxu
tökö	(床)	ɵukɪ ˥ (˜ɵuku ˥ mɪ)	˪ɵuku
pako(?)	(箱)	hakɪ(˜haku ˥ mɪ)	˪haku

両方言の後二者の第二音節は、内地方言の「ク」に対応する形を示している。何か特殊な音韻変化が起ったのであろう。

三音節以上の単語では、諸鈍方言で/hoo/が現れ、名瀬方言でこの/h/が落ちている。

kökörö	(心)	xohooro	˪xooro
kökönö	(九)	xohoonotɪ	˪xonocji
tökörö	(所)	ɵuhooro ˪	˪ɵoro
		ɵohoo≪蛸≫	˪ɵoo≪蛸≫

最後の単語は、恐らく*takoにさかのぼるものであろうが、二音節語でも、第一音節の母音が*aのときには第二音節の*koが/ho(o)/に変化したのであろう。

音節「モ」は次のようである。

kamo	(鴨)	xamoo ˥	˪xamo
kumo	(雲)	kumoo	˪kumo
momo	(股)	mumoo	
simo	(下)	sjimoo	sjimo-(sjimoho：≪部落の西の方≫)
kömö	(菰)	xumoo	xo ˥ mo
tömö	(伴)	ɵumoo ˥	˪ɵomo
kömörinu	(隠沼)	xumorɪ≪穴≫	˪xomorji≪穴≫
Omöpu	(思)	ʔumoo'jumɪ	ʔomo'juɴ

即ち、すべて/mo(o)/に統一されている。これは、両唇鼻音 *mの影響で *ö が *oに変化したものであろう。(奈良朝(万葉集)日本語でも「モ」「ホ」「ボ」には甲乙の区別がない。)ただし、

umo　(芋)　　ʔumuu　　└ʔuɴ

のような例外があるが、徳之島の亀津方言では/ʔu ┐ɴ/≪田芋≫であるから、第一音節の母音が長かったために特別な音韻変化が起ったのであろう。

　以上を概観すると、日本祖語の *oは半広後舌母音[ɔ]であったのに対し、*öは半狭中舌母音[θ]であったために、琉球方言の一部で、前者が/o/、後者が/u/として現れるものと推定される。

　助詞の「も」は奈良朝ではmöであるから、日本祖語でも *möであろう。そして、琉球方言ではこの助詞は、前述の如く常に母音が短く発音されたために、語末の他のmöと歩調を異にしてmuに変化し、[m̩]さらに[ɴ]に変化したのであろう。この助詞に対応する、前掲の二方言の形式は次のようである。

	花	花の	花も
諸　鈍	hanaa	hanaanu	hanamI[┌ha┐nam]
名　瀬	hana	hananu	hanaN

(2) kasimi ≪霞≫以下の語例は『琉球語便覧』(一九一六年)所収の「沖縄対話」から採ったものだが、ヤマトゥグチ(内地方言)からの借用語ではないかと思い、比嘉春潮氏にお尋ねしたところ、次のような御報告を獲た。

　　これらの単語は、「霞」と「狐」のほかはみな明治以後のヤマトゥ・ウチナーグチと思う。「カスィミ」は歌言葉としては廃藩以前からあったが、沖縄語では霞と霧の区別なく、すべて「チリ」という。眼がかすむことを首里語では「ミーヌ　チリ　カカヤーシュン」と言う。狐は全島に居ないが、人をだます動物として広く知られている。人

をだます人間を「チツィニヌ　グトール　ムン」と言う。

　「ナツィミ」「スムム」「ウーカミ」「オーム」は実物なく、昔は名さえ知らなかった。鰻はあったが「フシイカ」または「フシイチャ」と呼んだ。「スルミ」という言葉は聞いたこともない。

　以上、「霞」以下の単語はすべてヤマトゥグチからの借用語だと思う。鰻のほかはすべて沖縄にないものだったためだろう。

また、「沖縄対話」については次のようにお教えいただいた。

　「沖縄対話」に沖縄語の資料を提供したのは多分豊見城盛綱氏と親泊朝啓氏の二人だったろうと言われているが、この人たちは旧藩時代の教育を受けた首里人で、豊見城氏は相当日本語も話せた人だった。「沖縄対話」は、沖縄語をほとんど知らない日本人と、日本語をそうよくは知らない沖縄人の共同製作で、そのために少し日本語に迎合的態度で無理に即席に沖縄語を新作して答えたのではないかと疑われる点がある。「鰻」など恐らく鰻と干鳥賊との関係を知らないで「スルミ」としたのかと思う。

その他の単語についてもさらに吟味を要するが、とにかく右の諸単語について考察するときそれらが借用語であることを考慮外に置くことができない。

　(3)　現在では、これら八つの音節は、音韻論的に次のように解釈すべきものと考えている。

$$/ka/ \quad /ki/ \quad /ku/ \quad /ke/ \quad /ko/ \quad /kö/$$
$$/kji/ \quad\quad\quad\quad /kje/$$

即ち、「コ」の甲類と乙類の対立は中核母音音素/o/と/ö/の違いによる対立であるが、「キ」「ケ」の甲乙両類の対立は、子音が口蓋化しているか否かの対立で、中核母音音素はそれぞれ同じであると考える。「オ列」甲乙両類の対立は「ア行」「ハ行」「バ行」「ワ行」を除くすべての行に見られるのに、「イ列」と「エ列」の甲乙両類の対立は「カ行」「ガ行」「ハ行」「バ行」「マ行」

のみに見られるという事実は、右のように推定すると、楽に説明できるように
なる。即ち、軟口蓋音の[k][g]と非口蓋化的唇音の[p][b][m]とは、持続部
と破裂の直後において舌と口蓋との間に広い空洞ができ、出わたりの破裂音
に暗い音色を与えるのに対し、[t][d][n]の場合にはこの空洞が狭く、破裂音に
明るい音色を与える。従って、口蓋化された[t][d]と非口蓋化的[t][d]との音
色の差異は、口蓋化された[p][b][k][g]と非口蓋化的[p][b][k][g]との音色の差
異より、ことに前舌母音の前で小さい。故に、/kji/対/ki/、/pji/対/pi/とい
う音韻的対立よりも、/tji/対/ti/という音韻対立の方が保たれ難く、両者が
合流するか、/tji/の該当する音節の子音が破擦音に変化し別の音素/c/に移
行する可能性が大きい。奈良朝日本語で、「巻か」「巻き」「巻く」と替変す
る「キ」が/kji/で、「ツキ」(月)、「ツク(ヨ)」(月夜)と交替する「キ」が/ki/
であったのに対し、「立た」「立ち」「立つ」と替変する「チ」と、「クチ」
(口)、「クツ(ワ)」(轡)と交替する「チ」とが共に/ti/だったのだから、少なく
とも部分的には、そのような合流([ti]と[tĭi]の合流)が起っていたものと考えな
ければならない。また、奈良朝日本語で、「ホ」「ボ」「ヲ」に甲乙両類の対
立がなく、「モ」における同じ対立も早く消滅したのは口蓋化のない唇音が中
舌母音の[ö]を嫌って[o]に変化せしめたものであろう。なお、『日本語の系統』
(上掲書)の四一〇頁以下参照。

(昭和三三年五月)

일본어와 류큐어 · 조선어 · 알타이어와의 친족 관계

핫토리 시로

I. 머리말

Transactions of the Asiatic Society of Japan에서 람스테트(Ramstedt) 교수[1]와 래버튼(Labberton) 교수[2] 혹은 와이먼트(Whymant) 박사[3] 등의 일본어 계통에 관한 논문을 볼 수 있다. 본 협회의 언어부회(言語部會)에서 이 문제에 관해 논의하는 것은 그럴 만한 이유가 있다고 생각한다.

일본어는 오늘날까지 아이누어, 알류샨어, 에스키모어, 극북아시아어, 중국어, 서장어(티베트어), 버마어, 오스트로아시아어, 오스트로네시아어, 페르시아어·그리스어·아일랜드어 등 인도·유럽어족의 제언어 또는 바스크어, 수메르어, 멕시코인디언어, 그 밖의 언어와 친족 관계가 있다고 하지만, 이러한 주장이 언어학적으로 증명되었다고 생각하지 않으며, 이러한 제언어와 일본어 사이에 친족 관계가 존재할 개연성도 극히 적다고 생각한다. 이 점에서 나는 신무라(新村) 박사의 계통론[4]과 긴다이치(金田一) 박사의 종래 계통론에 대한 비판[5]에 대체로 찬성한다. 중

1) G. J. Ramstedt : A Comparison of the Altaic Languages with Japanese (*TASJ*, Second Series Vol. I, 1924)
2) D. Van Hinloopen Labberton : The Oceanic Languages and the Nipponese as Branches of the Nippon-Malay-Polynesian Family of Speech (*TASJ*, Second Series Vol. II, 1925)
3) A. Neville J. Whymant : The Oceanic Theory of the Origin of the Japanese Language and People (*TASJ*, Second Series Vol. III, 1926)
4) 新村出, 『言葉の歷史』(創元社, 1942), 新村出, 『国語系統論』(国語科学講座21, 明治書院, 1935).

국어에서 많은 단어가 일본어로 유입되었고, 또한 오스트로네시아어와 오스트로아시아어족6)으로부터도 단어의 차용이 발생한 개연성은 있지만, 이 제언어와 일본어의 친족 관계를 긍정하는 것은 매우 곤란하다.

일본어와 친족 관계를 갖는 언어라고 하면 첫 번째로 류큐어를 말하지 않을 수 없다. 그 외에 찾는다면, 아직 언어학적 증명이 완성되었다고 할 수 없지만, 친족 관계가 있을 개연성이 가장 큰 언어로서 조선어가 우리의 눈에 띈다. 또한, 이른바 알타이어, 즉 퉁구스어·몽골어·튀르크어가 개연성이 있는 것으로 거론할 수 있을 것이다. 파커(C. K. Parker)7)는 일본어와 티베트∥버마어족의 동계설(同系說)을 주장했지만, 우리를 납득시키지는 못한다.

이상으로 대략 결론을 내렸지만, 이하 내용은 일본어와 다른 언어의 친족 관계를 증명한다고 생각되는 더욱 확실한 증거에 대해 설명하고, 친족 관계를 긍정하기 위해 증거라고 할 수 있는 것을 가능한 한 엄밀하게 비판해보고 싶다.

II. 류큐어와의 관계

일본어와 류큐어는 각각의 화자들이 고유어로 대화를 할 수 없을 정도로 현저하게 다르다. 일본인은 예로부터 류큐어를 중국어의 한 종류로 생각하는 사람이 많았지만8), 일본어를 배울 필요가 있는 류큐인은 일찍이 류큐어와 일본어의 유사점에 주목했다. 1675년에 죽은 류큐의

---

5) 金田一京助, 『国語史, 系統篇』(刀江書院, 1938).

6) Nobuhiro Matsumoto : *Le japonais et les Langues Austroasiatiques*, Paris, 1928 은 이 점에 관해 유익한 시사점을 준다.

7) C. K. Parker : *A dictionary of Japanese Compound Verbs*, Tokyo, 1937.

8) 伴信友, 『仮字本末』(嘉永三年, 1850)에서 류큐가 일본어와 비슷하다는 것을 시사하고 있는 것은 드문 예이다. 메이지 이후가 되면 식자는 두 언어의 친근성을 명확하게 인식했다. 伊波普猷, 「琉球語概観」(『方言』 4-10).

정치가 쇼쇼켄(向象賢)은 언어가 비슷한 것을 근거로 류큐인은 일본인과
조선(祖先)이 같다는 의견을 가지고 있었다.9) 서양인이 류큐어에 관해
기록하여 출판한 것 중 오래된 것은 19세기 초 영국인 브루튼(Broughton,
1804), 피셔(Fisher, 1817), 클리포드(Clifford, 1817)의 어휘가 있고10), 포르카
데(Forcade), 베텔하임(Bettelheim)11), 귀츨라프(Gutzlaff) 등의 선교사도 류큐
어를 연구하고 있었지만, 일본어와 류큐어의 친족 관계를 학문적으로
증명한 것은 체임벌린(B. H. Chamberlain)의 논문12)이 최초일 것이다. 두
언어는 형태론적 구조, 구문적 특징이 매우 유사할 뿐만 아니라 기초적
인 어휘가 일치하고 있다. 그 후 이하 후유(伊波普猷) 등의 연구에 의해
대만에 가까운 미야코지마(宮古島)・야에야마 제도(八重山諸島)의 언어뿐만
아니라, 오스미(大隅)의 오시마(大島)・도쿠노시마(德之島)의 언어까지 오키
나와의 언어에 가까운 것이 명백해졌다. 도조 미사오(東条操)는『국어의
방언구획(国語の方言区劃)13)』에서 표준 일본어의 e, o에 대해 i, u를 제시
하며, 형용사와 동사의 활용이 현저하게 다르고 특수한 단어를 가지고
있는 점 때문에 오시마 이남 열도의 언어를 '류큐방언(琉球方言)'이라고
총칭하여 다네가시마(種子島)・야쿠시마(屋久島)를 시작으로 구치노시마(口
之島)・나카노시마(中之島)・스와노세시마(諏訪瀬島) 등을 포함하는 오스미
섬들 이북의 규슈(九州)・시코쿠(四国)・혼슈(本州) 제방언을 총괄한 '내지

---

9) 伊波普猷, 『古琉球』(丸善株式会社, 1911, p.3).
10) 同書, 新村出博士序, p.3. 伊波普猷, 「琉球語概観」(『方言』 4-10).
11) 포르카데는 1844년 류큐에서 13개월 체류하는 동안 1만 단어 이상의 어휘를 모으고,
  베텔하임은 1846년부터 1854년까지 나하(那覇)에 체류하면서 문법책과 사전을 저술
  했지만 간행되지는 않았다. 잡지『方言』 4-10에 이하 후유(伊波普猷), 긴조 초에이(金
  城朝永), 도이 다다오(土井忠生)의 논문참고.
12) B. H. Chamberlain : Essay in Aid of a Grammar and Dictionary of the Luchuan
  Language (*TASJ*, Vol. ⅩⅩⅢ Supplement, 1895). 또한 W. G. Aston, On the
  Loochuan and the Aino Languages(Church Missionary Intelligencer, 1879)라는
  논문이 있지만 아직 보지 못했다.
13) 育英書院, 1927. 이 책 설명서 부분의「일본어 방언 지도(大日本語方言地図)」에서 볼 수
  있는 '내지방언(内地方言)'과 '류큐방언(琉球方言)'의 경계선에 따라 다음과 같이 기술했다.

방언(內地方言)'에 대립시키고 있다. 동북은 홋카이도(北海道)로부터 서남은 야에야마 제도에 이르는 섬들에서 사용되는 언어를 이처럼 두 가지로 구분하는 설은 대부분 옳다고 생각한다.14)

일본어와 류큐어가 동계(同系)임을 부정할 수 없는 증거를 가능한 한 두, 세 가지 이야기해보자.

양 언어의 음운 사이에는 엄밀한 음운대응의 통칙, 이른바 음운법칙이 발견된다. 예를 들면,

일본어(도쿄방언)	i, e	‖ 류큐어(슈리방언)	i
〃	u, o	‖ 〃	u

예15)

일본어	ci(血)	hi˩(火)	i˩ki(息)	kiri(霧)	mimi˩(耳)
류큐어	ciˌi(〃)	fii(〃)	ʔiici(〃)	ciˌri(〃)	mimi(〃)
일본어	ke(毛)	te˩(手)	kane(金)	sake(酒)	ude˩(腕)
류큐어	kiˌi(〃)	tii(〃)	kaˌni(〃)	saˌki(〃)	ʔudi(〃)
일본어	ju˩(湯)	huˌne(船)	muˌɲi(麦)	uta˩(歌)	hiru˩(昼)
류큐어	juu(〃)	funi(〃)	muzi(〃)	ʔuˌta(〃)	firu˩(〃)

단, 일본어 su, cu ‖ 류큐어 si, çi

예) suna(砂) cuˌju(露) ‖ siˌna(砂) çiju(露)

일본어	o(緒)	oˌbi(帯)	kono(此)	kaˌdo(角)	sode(袖)
류큐어	uˌu(〃)	ʔuubi(〃)	kuˌnu(〃)	kadu(〃)	suˌdi(〃)

악센트의 형태에 대한 대응도 상당히 두드러진 통칙이 발견된다. 예를 들어 긴다이치 하루히코(金田一春彦)의 『국어 악센트의 사적연구(国語ア

---

14) 다만, 류큐어와 규슈방언(의 일부)을 다른 일본의 제방언에서 분리한 '등어선(等語線, isoglotticlines)은 다소 있다. 예를 들면, 류큐의 슈리방언(首里方言)인 kuubaa(蜘蛛), 아덴방언(阿伝方言)의 k'ubuˌu(蜘蛛)의 어근과 요나미네방언(与那嶺方言)의 huˌbu(蜘蛛)는 규슈방언의 kobu(蜘蛛)에 해당하고, 다른 일본어 방언의 kumo와는 다르다. 악센트에 관해서도 비슷한 현상이 있다.

15) 음성기호는 주17을 참고.

クセントの史的研究)16)」에 의하면 원정시대 즉 11세기 말 및 12세기 무렵의 교토방언에는 2음절 명사에 다섯 가지의 형태가 있었다. 제방언의 악센트를 비교하면 다음과 같다.17)

	일본어		류큐어			
	도쿄	교토	슈리	나하	요나미네	아덴
Ⅰ	**'상상(上上)'으로 표기되는 것, 즉 고고형(高高型).**					
(飴)	ame	⌈ame	a⌉mi	⌈aminu	a⌈mi:	a⌈mi
(金)	kane	⌈kane	ka⌉ni	⌈kaninu	ha⌈ni:	ha⌈ni
(袖)	sode	⌈sode	su⌉di	⌈sudinu	su⌈di:	su⌈di
Ⅱ	**'상평(上平)'으로 표기되는 것, 즉 고저형(高低型).**					
(音)	oto⌉	o⌉to	ʔu⌉tu	⌈ʔtunu	hu⌈tu:	u⌈tu
(橋)	hasi⌉	ha⌉si	ha⌉ši	⌈hasinu	p'a⌈si:	ɸa⌈si
(昼)	hiru⌉	hi⌉ru	fi⌉ru	⌈firunu	pi⌈ru:	si⌈ru
Ⅲ	**'평평(平平)'으로 표기되는 것, 긴다이치의 추정에 의하면 저저형(低低型).**					
(網)	ami⌉	a⌉mi	ami	ami⌈nu	ami⌈:	a⌈mi
(島)	sima⌉	si⌉ma	šima	sima⌈nu	sima⌈:	si⌈ma
(山)	jama⌉	ja⌉ma	jama	jama⌈nu	jama⌈:	ja⌈ma

---

16) 日本方言学会編, 『国語アクセントの話』(春陽堂, 1943).

17) '요나미네(与那嶺)'는 오키나와섬(沖縄島) 구니가미군(国頭郡) 나키진촌(今帰仁村) 아자요나미네(字与那嶺)의 방언. '아덴(阿伝)'은 오시마군(大島郡) 기카이섬(喜界島) 아덴의 방언. 모두 1930~2년경의 조사. 〔⌈〕는 목소리가 높게 시작하거나 낮은 곳에서 높은 곳으로 이동하는 것을 나타내고, 〔⌉〕는 목소리가 높은 곳에서 낮은 곳으로 이동하거나 조사가 붙는 경우 어말이 높고 조사가 낮아지는 것을 나타낸다. 류큐 제방언에는 c=〔tʃ〕, ç=〔ts〕, z=〔(d)ʒ〕, ʐ =〔(d)z〕, š=〔ʃ〕. s는 슈리방언 이외의 제방언에서 i의 앞에〔ʃ〕, 요나미네방언에서는 a 앞에만 〔s〕, 그 외의 모음 앞에서〔ʃ〕. f는 양순의 무성마찰음. ñ은 경구개비음. 아덴방언의 ŋ은 i의 전후에서〔j〕, 그 외의 모음 사이에서〔w̃〕. 요나미네 및 아덴방언에서 대기음(aspiration)의 기호가 없는 p, t, c, k는 성문폐쇄를 동반하는 무기음. 아덴방언 이외의 제방언에서 어두의 i, u는 각각 〔ji〕〔wu〕. 어두의 a는 보통 성문파열음으로 시작한다. 류큐어에 관한 한 이 논문에서는 모두 같다. (보주. 이 표기는 음운표기에 근거한다.)

Ⅳ '평하(平下)'로 표기되고, 어떤 조사가 '상(上)'이 되게 접미하는 것,
즉 저고(고)형(低高(高)型).

(笠)	ka ꜛ sa	ka ꜗ sa	kasa	kasa ꜗ nu	hasa ꜗ ː	ha ꜗ sa
(麦)	mu ꜛ ɲi	mu ꜗ ɲi	muzi	muzi ꜗ nu	muzi ꜗ ː	mu ꜗ ɲi
(臼)	u ꜛ su	u ꜗ su	ʔuusi	ʔuu ꜛ sinu	ʔu ꜛ si	u ꜛ su
(中)	na ꜛ ka	na ꜗ ka	naaka	naa ꜛ kanu	na ꜛ ha	na ꜛ a

Ⅴ '평상(平上)'으로 표기되고, 어떤 조사가 '평(平)'이 되게 접미하는 것,
즉 저고(저)형(低高(低)型).

(雨)	a ꜛ me	a ꜗ me ꜛ	ami	ami ꜗ nu	ami ꜗ ː	a ꜗ mi
(汗)	a ꜛ se	a ꜗ se ꜛ	asi	asi ꜗ nu	hasi ꜗ ː	a ꜗ si
(足袋)	ta ꜛ bi	ta ꜗ bi ꜛ	taabi	taa ꜛ binu	t'a ꜛ bi	t'a ꜛ bi
(露)	cu ꜛ ju	cu ꜗ ju	çiju	ci ꜛ junu	ci ꜛ ju	tu ꜛ ju

동사나 형용사에 있어서도 같은 악센트형의 대응이 발견된다. 예를
들어, 2음절의 4단 활용동사는 두 가지 패턴을 보이는데 제방언의 악센
트를 비교하면 다음과 같다.18)

Ⅰ '종지형(終止形)'이 '상평(上平)'으로 표기되는 것.

	일본어		류큐어			
	도쿄	도사	슈리	나하	요나미네	아덴
(置)	oku	ꜛ oku	ʔu ꜛ cuɴ	ꜛ ʔucuɴ	hu ꜗ cuɴ	ʔucu ꜗ i
(継)	cuɲu	ꜛ tugu	çi ꜛ zuɴ	ꜛ cizuɴ	ci ꜗ zuɴ	

---

18) '도사(土佐)'는 고치현(高知県) 도사군(土佐郡) 잇쿠무라 도쿠다니(一宮村徳谷)의 방언.
이 방언에는 d, g 앞 모음에 비음화가 있다. 다만, b, z의 앞에는 비음화가 없다. 아덴
방언의 제1류(第一類)역주1 의 어형은 1음절에도 높이가 있다.
현대의 혼슈 제방언 등의 '종지・연체형'은 원정시대의 '연체형'에 해당한다. 원정시대
의 '종지형'은 훗날 사용하지 않게 된다. 제1류의 '종지형'과 '연체형'은 원정시대에는 악
센트가 다르고 전자는 '상평', 후자는 '상상'으로 표기되고 있다. 현대 교토방언의 고고
형(高高型, 도사방언과 같음)은 후자를 이어받았을 것이다. 류큐어의 형태로는 문장을
종지하는 형태를 예로 들었다. 이것은 일본어의 '종지형'에도 '연체형'에도 해당하지 않
고 '연체형+をり'에 해당한다. 즉 cizuɴ, macuɴ 등은 'つぎをり', 'まきをり'에 해당한
다. 이것에 대해서는 후에 언급한다. 제1류와 제2류역주2 의 악센트가 다른 점을 비교하
기 위해서는 이 형태를 사용해도 된다.

(積)	cumu	⌐tumu	çi]nuɴ	⌐cimuɴ	ci⌐muɴ	tuñu⌐i
(飛)	tobu	⌐tobu	tu⌐buɴ	⌐tubuɴ	t'u⌐biɴ	t'uzu⌐i
(巻)	maku	⌐maku	ma]cuɴ	⌐macuɴ	ma⌐cuɴ	macu⌐i

Ⅱ '종지형(終止形)'이 '평상(平上)'으로 표기되는 것.

(書)	ka]ku	ka⌐ku	kacuɴ	ka⌐cuɴ	hacu⌐ɴ	k'a⌐cu]i
(立)	ta]cu	ta⌐tu	tacuɴ	ta⌐cuɴ	t'acu⌐ɴ	t'a⌐cu]i
(飲)	no]mu	no⌐mu	nunuɴ	nu⌐muɴ	numi⌐ɴ	nu⌐ñu]i
(読)	jo]mu	jo⌐mu	junuɴ	ju⌐muɴ	jumu⌐ɴ	ju⌐ñu]i
(待)	ma]cu	ma⌐tu	ɱacuɴ	ma⌐cuɴ	macu⌐ɴ	ma⌐cu]i

그 외의 동사에 대해서도 다음과 같은 형태의 대응이 인정된다.

	도쿄	도사	슈리	나하	요나미네
(開)	akete	a]kete	a]kiti	akiti	ha⌐ki]ti
(溜)	tamete	ta]mete	ta]miti	tamiti	t'a⌐miː]ti
(煮)	niete	ni]ete	ni]iti	niiti	⌐niː]ti
(惚)	horete	ho]rete	fu]riti	furiti	p'u⌐riː]ti
(掛)	ka]kete	ka⌐ke]te	kakiti	kakiti	hakiː⌐ti
(矯)	ta]mete	ta⌐me]te	tamiti	tamiti	t'amiː⌐ti
(見)	mi]ete	mi⌐e]te	miiti	miiti	miː⌐ti
(晴)	ha]rete	ha⌐re]te	hariti	hariti	p'ariː⌐ti
(周章)	awatete	⌐awatete	a]watiti	⌐awatiti	a⌐waː]titi
(浮)	ukabete	⌐uka]bete	ʔu]kabiti	⌐ʔukabiti	hu⌐kaː]biti
(固)	katamete	⌐kata]mete	ka]tamiti	⌐katamiti	ha⌐taː]miti
(隔)	heda]tete	he]datete	fidatiti	fidati⌐ti	p'ida⌐ti]ti
(調)	sira]bete	si]rabete	širabiti	sirabi⌐ti	siraː⌐bi]ti
(定)	sada]mete	sa]damete	sadamiti	sadami⌐ti	sadaː⌐mi]ti

형용사에도 예를 들면, 다음과 같은 형태의 대응이 인정된다.

(赤) akaku	⌈ ako ⌉o	a ⌉kaku	⌈ akaku	ha ⌈ ka: ⌉ ku
(暗) kuraku	⌈ kuro ⌉o	ku ⌉raku	⌈ kuraku	ku ⌈ ra: ⌉ ku
(甘) amaku	⌈ amo ⌉o	a ⌉maku	⌈ amaku	a ⌈ ma: ⌉ ku
(厚) acuku	⌈ atu ⌉u	a ⌉çiku	⌈ aciku	ha ⌈ ci: ⌉ ku
(白) si ⌉roku	si ⌈ ro ⌉o	širuku	siru ⌈ ku	siru ⌈ ku
(深) hu ⌉kaku	hu ⌈ ko ⌉o	fukaku	fuka ⌈ ku	puka: ⌈ ku
(辛) ka ⌉raku	ka ⌈ ro ⌉o	karaku	kara ⌈ ku	hara: ⌈ ku
(熱) a ⌉cuku	a ⌈ tu ⌉u	açiku	aci ⌈ ku	haci ⌈ ku
(怪) ajasiku	⌈ ajasju ⌉u	a ⌉jašiku		a ⌈ ja: ⌉ ku
(難) mucukasiku		mu ⌉çikašiku	⌈ mucikasiku	mu ⌈ ci: ⌉kaku
(恥) hazuka ⌉siku		hazikašiku	hazikasi ⌈ ku	
(珍) mezura ⌉siku	⌈ medurasju ⌉u	miẓirašiku	miẓirasi ⌈ ku	miẓi ⌈ ra ⌉ ku

　이상에서 설명한 악센트 형태의 대응은 물론 단순한 우연이라고 할 수 없고, 또한 차용관계에 의해서도 설명할 수 없으므로 이러한 제언어가 공통의 조어로 거슬러 올라가기 때문이라고 해야 한다. 위의 악센트 형태가 대응하는 사실은 이러한 제언어가 동계라는 것에 대한 유력한 증거의 하나라고 할 수 있다.

　류큐어의 동사·형용사 활용은 일본어와 현저하게 다르고 동사의 어미변화는 '거의 일정하며, 내지(內地)처럼 여러 가지 활용을 명백하게 구별하는 것이 어렵고 대체로 문어(文語)의 ナ형 변격활용동사(奈行変格活用)에 가깝다'고 하며, '형용사의 어미변화는 어떤 일정한 형식은 가지고 있지만, 동사의 활용과 매우 유사한 변화를 한다'고 말한다.19)

　그러나 앞에서도 말했듯이, 류큐어의 동사 이른바 '종지형'은 현대 일본어(동경, 교토 등의 방언)의 '종지연체형(終止連体形)'에도 나라시대 일본어의 '종지형'에도 해당하지 않고, 대체로 '연용형'에 해당하는 형태로 '居り'에 해당하는 동사가 접미복합(接尾複合)한 것이다. (예외는 '居り'에 해당하는 uN과 '有り'에 해당하는 aN 두 가지만

---

19) 東条操, 『国語の方言区劃』(주13) p.19.

있다.20) 유추작용에 의해 다시 한 번 변형된 것도 있다.)

    ʔucuɴ ≪置く≫   =ʔuci(おき oki) +uɴ(をり wori)
    cizuɴ ≪継ぐ≫   =cizi(つぎ tugi) +uɴ(をり wori)
    tacuɴ ≪立つ≫   =taci(たち tati) +uɴ(をり wori)
    fušuɴ ≪乾す≫   =fuši(ほし fosi) +uɴ(をり wori)

로 설명할 수 있다. 이 uɴ에 복합한 형태가 각각 완전히 병행적인 변화
를 하고 '연용형'+'て'에 해당하는 '음편형(音便形)'에 uɴ 또는 aɴ이 접미
복합한 형태가 또한 각각 완전히 병행적인 변화를 한다. 이 때문에 류
큐어의 동사는 언뜻 보기에 모두 한 종류의 활용을 하는 것처럼 보일
수도 있지만 사실은 그렇지 않다. 류큐어와 일본어의 동사활용을 비교
하려면 류큐어에서는 uɴ, aɴ이 복합한 형태를 제외하고 봐야 한다.

　　슈리 및 나하방언의 uɴ, aɴ 활용형에는 다음과 같은 것이 있다.

	의미	슈리	나하
(1)	居ない, (で)ない	u] raɴ, araɴ	⌈ uraɴ, a ⌈ raɴ
(2)	居たい,	u] i-bu] saɴ,	⌈ ui-busaɴ,
	有るそうだ	ai-gi] saɴ	ai- ⌈ gi] saɴ
(3)	居る, 有る	u] ɴ, aɴ	uɴ, aɴ
(4)	居る, 有る〔duの結び〕	u] ru, aru	uru, aru
(5)	居るからこそ,	u] riwadu,	⌈ uriwadu,
	有るからこそ	ariwadu	a ⌈ ri] wadu
(6)	居れ, 有れ	u] ri, ari	

이러한 형태가 다음과 같이 나라시대 일본어의 동사활용형과 대응하는
것은 의심의 여지가 없다.

---

20) 악센트는 다음과 같다.
　　슈리 u] ɴ, aɴ ; 나하 uɴ, aɴ ; 요나미네 ⌈ uɴ, a ⌈ ɴ ; 아덴 gu ⌈ i, a] i. 원정시
　　대 문헌에는 'をり'는 '上平', 'あり'는 '平上'으로 기술되어 있다.

(1)미연형	(2)연용형	(3)종지형	(4)연체형	(5)이연형	(6)명령형
をら, あら	をり, あり	をり, あり	をる, ある	をれ, あれ	をれ, あれ
ura-. ara-	ui-, ai-	uɴ, aɴ	uru, aru	uri-. ari-	uri, ari

'종지형'에 해당하는 uɴ, aɴ은 음운법칙적으로 ui, ai가 있어야 하지만, 항상 문장 말미에 오기 때문에 특별한 음운변화가 일어난 것이다. 아덴방언(阿伝方言)에는 gu⌈i(같은 섬의 소마치방언(早町方言)에서는 u⌈i), a⌉i라고 하는 형태가 있다. (보설(1), 본서 p.174 이하 참고)

그 외 동사에서는 위의 두 가지 동사가 접미복합한 활용형이 사용된 것이 하나의 큰 원인으로 유추작용에 의해 활용형의 광범위한 균일화가 일어났다고 생각된다. 그러나 일본의 '来る'에 대응하는 동사의 다음 활용형은 주의해야 할 것이다.

	의미	슈리	나하
(1)	来ない	kuuɴ	kuu⌈ɴ
(2)	来たい	cii-busaɴ	cii-⌈bu⌉saɴ
(5)	来るからこそ	kuuriwadu	ku⌈ri⌉wadu
(6)	来い	kuu	kuu

이러한 형태는 나라시대 일본어의 활용형과 다음과 같이 대응하는 것으로 인정된다.

(1)미연형 kö	(2)연용형 ki	(5)이연형 kure	(6)명령형 kö
kuu-	cii-	kuuri-(kuri-)	kuu

나카소네 세이젠(仲宗根政善)의 연구[21]에 의하면, 요나미네방언에는 다음과 같은 활용형이 있다.

---

21) 伊波普猷氏還暦記念出版, 『南島論叢』(沖縄日報社, 1937) 수록된 「加行変格『来る』の国頭方言の活用に就いて」.

(1)미연형	(2)연용형	(4)연체형	(5)이연형	(6)명령형
kö	ki	kuru	kure	kö
huː(-), hu-	si:-	kuruː	kuriː-	huː

이 방언의 hu는 일본어의 'ㄱ'에 해당하고, ku는 'ク'에 해당하기 때문에 (si는 'キ、シ、セ、ズ'중 하나에 해당한다.) 위 활용형이 정확하게 대응하는 것은 틀림없다.

　이 동사는 사용빈도가 높았기 때문에 불규칙활용이 유지된 것이고, 불규칙 활용의 일치는 이러한 언어 사이의 친족 관계를 긍정하는 유력한 증거 중 하나라고 할 수 있다.

　예를 들어 류큐어의 형용사는 다음과 같이 변한다.(나하방언)

활용형의 의미	(暗)	(辛)	(珍)[22]
(暗い)そうだ	⌈ kurasaai-gi ⌉ saɴ	ka ⌈ ra ⌉ sai-⌈ gi ⌉ saɴ	mizi ⌈ ra ⌉ sai-⌈ gi ⌉ saɴ
(暗い)	⌈ kurasaɴ	ka ⌈ ra ⌉ saɴ	mizi ⌈ ra ⌉ saɴ
(暗い)からこそ	⌈ kurasariwadu	ka ⌈ ra ⌉ sariwadu	
(暗く)ころあれ	⌈ kurasadu aru	ka ⌈ ra ⌉ sadu aru	mizi ⌈ ra ⌉ sadu aru

위의 동사 aɴ의 활용과 비교하면 이것은 형용사의 '어간'에 접미사 'さ'가 접속하는 형태로 aɴ의 활용형이 접미복합한 것으로 인정된다. 이에 지마 가와히라방언(伊江島川平方言)에는

(1) asasaaɴ≪浅い≫, oːsaaɴ≪青い≫, nagasaaɴ≪長い≫, harasaaɴ≪辛い≫

(2) atarašaaɴ≪惜しい≫, uturuːšaaɴ≪恐ろしい≫, muçikašaaɴ≪むずかしい≫, miẓiraː-šaaɴ≪珍しい≫

와 같은 형태가 있어서 이 단어들이 'あささあり, あをさあり, おとろしさ(도쓰가와방언(十津川方言) 등에 있는)あり, むつかしさあり' 등에 대응하

---

22) miẓirasa- 대신에 mizurasa- 라는 형태도 있었다.

는 것은 명백하다.

aN이 복합하지 않는 활용형에는 악센트의 형태를 비교한 부분(본서 p.146)에서 나타낸 바와 같은 일본어 형용사의 '연용형'에 일치하는 것이 있다.

명사에 접미하는 류큐어의 조사에는 ga(が), nu(の), ni(に), tu(と), kara (から), madi(まで)와 같이 일본어의 조사와 형태가 일치하는 것이 적지 않지만, 의미나 사용범위가 생각보다 차이가 나는 것은[23] 차용에 의한 일치의 개연성을 적게 만든다. 특히 일본어의 'も'에 해당하는 류큐어 -N은 형태상의 불일치가 오히려 두 언어의 어원적 동일성의 증거가 된다.

	슈	리	나	하
(金)	ka ˥ninu	ka ˥niN	˥kaninu	˥kaniN
(音)	ʔu ˥tunu	ʔu ˥tuN	˥ʔutunu	˥ʔutuN
(山)	jamanu	jamaN	jama ˥nu	ja ˥maN
(笠)	kasanu	kasaN	kasa ˥nu	ka ˥saN
(中)	naakanu	naakaN	naa ˥kanu	naa ˥kaN
(汗)	asinu	asiN	asi ˥nu	a ˥siN
(足袋)	taabinu	taabiN	taa ˥binu	taa ˥biN

위의 두 가지 조사 중 -nu는 일본어 조사 'が'와 동일한 의미로 많이 사용되지만, 'の'의 의미로도 사용되며 여기서는 후자에 해당된다.[24] -N은 'も'와 동일한 의미로 사용되고, 이에 해당한다고 생각한다. 그러나 mumu(桃), simu(下), kumu(雲), ʔ^Nmu(芋)와 같이 일본어의 'も'에 대해서는 이들 방언은 보통 mu로 나타난다. 일본어의 어떤 방언에서는 악센트 상에서 'の'는 높게 'も'는 항상 낮기 때문에[25] 이것이 두 언어의 조어(祖

---

23) 金城朝永, 『那覇方言概観』(三省堂, 1944).

24) 이러한 류큐방언의 nunu(布) ; çinu, cinu(角) ; munu(物)와 일본어의 nuno, cuno, mono를 비교하라.

25) 예를 들면, 교토방언에서는 ˥kane(金), ˥kaneno, ˥kane˥mo ; ˥ja˥ma(山) ˥jamano, ˥ja˥mamo ; na˥ka(中), naka˥no, na˥ka˥mo.

語)의 악센트를 계승한 것이고, 류큐어에서는 악센트의 구별은 상실되었지만 -nu와 ⁻N라고 하는 형태로 조어의 악센트를 반영하고 있는 것이다. 아마도 과거 류큐어에는 음절을 닫을 수 있는 유일한 자음이 ⁻m인 시대가 있고 그 시대에 조사 -mu가 ⁻m로 쉽게 바뀔 수 있었을 것이다. 이 추정의 근거로서 다음과 같은 점들을 들 수 있다. 즉, 류큐어의 동사에 ami≪有るか≫, umi≪居るか≫와 같은 의문을 나타내는 형태가 있고, kacumi≪書くか≫, kakani≪書かないか≫, kurii≪これか, kuri=これ≫등과 비교하면, am-i, um-i로 분석할 수 있으므로 이러한 동사에서는 다음과 같은 음운변화가 일어났다고 추정할 수 있다.[26]

ari → am → aN
uri → um → uN

그리고 류큐어에서 음절 nu, ni는

nunu(布), nuka(糠), numi(蚤, 鑿), nuusi(主) ; nisi(≪北≫, 일본어의 '西'에 해당한다), nici(熱)

등과 같이 보통 유지되고 있는데 음절 mu, mi가 있는 것은 폐쇄음·비음·마찰음 앞에 음절 N, N̥(음운론적으로는 NN)으로 변한다.[27](나하방언)

---

26) 이 새로운 학설이 옳다면 튀르크어의 의문을 나타내는 - mi(~-mɪ~-mü~-mu)와 류큐어의 ami, umi의 -mi를 비교하는 것은 불가능해진다.

27) 다만, 다음의 경우에는 nu, ni대신에 N이 나타난다.

ʔiN(犬), ciN(着物=衣), biN(紅)

일본어의 mo, me에 해당하는 mu, mi는 그대로 유지되고 있다.

mumu(桃), munu(物), mizirasaN(めずらしい)

일본어의 mu, mi에 해당하는 것도 다음 음절의 모음이 일본어의 u, i에 해당하는 경우 유지된다.

mici(道), mizi(水), mimi(耳), musi(虫), muzi(麦)

단, muu「ku(舅)는 예외지만, 일본어에도 'モコ'라는 방언이 있다. 또한 2음절 단어(1음절 단어는 물론)에서는 어간말의 mi, mu는 유지되지만, 3음절어에는 kagaN(鏡)과

ɴka⌈si(昔), ⌈ɴkati(向って), ⌈ɴkeejuɴ≪迎える≫, ɴɴ⌈su(味噌), ɴni(nni)(脳), ɴɴ⌈ci(見て)

고모음(せまい母音)도 비음의 앞에서 ʔɴ이 된다.

ʔɴ(ʔmmu)(芋), ʔɴmarijuɴ≪生れる≫,

ʔɴni(ʔnni)(稲), ʔɴnazi(鰻), ʔɴzucuɴ≪うごく≫[28)]

이것은 아마 자음 앞 mu가 약해져서 성절적(成節的)인 m이 되고(mukasi → mkasi ; muni → mni), 양순비음(両唇鼻音) 앞 고모음도 ʔm이 되고(ʔimu → ʔmmu) 다음에 오늘날의 형태가 되었을 것이다. 그리고 성절적일 수 있는 비음이 m만 있는 시대에

jamamu	→ jamam	(山も)[(보주1)]
kasamu	→ kasam	(笠も)
ari	→ am	(あり)
uri	→ um	(をり)

라는 음운변화도 일어난 것으로 생각된다.[29)](보설(1), 본서 p.174 이하 참고)

같은 예가 있다. 일본어의 조사 'も'에 해당하는 -ɴ는 보통 '문말(syntagma)' 끝에 오고 게다가 약하게 발음되기 때문에 특별한 음운변화를 이룬 것이다.

28) 일본어의 많은 방언에서 〔uŋoku〕〔iŋoku〕이고 도사방언(土佐方言)에서 〔g〕의 앞 모음에 비음화가 있다. 원시일본어의 모음 사이에 적어도 〔g〕가 있는 것에서 비음성이 있었다고 생각할 수 있다.
보주(1) kagaɴ(鏡), izuɴ(泉), çiʑiɴ(鼓) 같은 예가 있는 한편, kasimi(霞), naçimi(なつめ), surumi(鯣), ʔuukami(狼), ciçini(狐), sumumu(李), ʔoomu(鸚鵡) 등에서는 말미모음(末尾母音)을 유지하고 있다.
이것들 중에는 일본어로부터 최근 유입된 단어도 있을 것이다. 그러나 일본어 방언에서 〔カガミ(院政、平平平), イズミ, ツズミ(上上上), カスミ(上上上), ナツメ(上上上), スルメ〕이고, 위의 말미모음 소실이 조어의 악센트와 관계가 있다고 말할 수는 없을 것 같다. (보설(2), 본서 p.180 이하 참고)

29) 伊波普猷, 『琉球の方言』(『国語科学講座Ⅶ』 明治書院, 1933) p.39에 의하면, 19세기 무렵에 류큐어 동사의 '종지형'은 - m로 끝났던 것 같다. 적어도 그와 같은 패턴이 이미 생기고 있었다. 그 시대에는 일본어의 kakanu(書かない)에 해당하는 부정 형태는

대명사에서도 류큐어와 일본어의 일치가 보인다. 나하방언[30]의 예를 보면, 1인칭대명사에 waa가 있고[31], 이것은 나라시대의 'わ'와 같은 것이다. 『오모로소시(おもろさうし)[32]』에는 'あ', 'あん'이라고 하는 1인칭대명사가 보이지만, 전자는 나라시대 일본어의 'あ'에 해당한다. 2인칭대명사 naa는 나라시대 일본어의 'な'에 해당한다. kuri, ari ; kunu, anu가 'これ, あれ, この, あの'에 해당하는 것도 분명하다. taa《誰》는 나라시대 일본어의 'た'에 해당한다. zuri《どれ》[33]는 'いずれ'에, caga-「ta《どちら》[33]의 ca-는 'いかに'의 'いか'에 해당한다. 미야코(宮古)·야에야마(八重山)[34] 방언의 kari는 'かれ'에 해당한다.

수사는 다음과 같다. 나하방언의 패턴을 나타낸다. 괄호 안은 일본어의 최고형(最古形)[35]

1 tii「ci (pitötu), 2 「taaci (putatu), 3 「miici (mitu), 4 「juuci (jötu),

5 「ʔicici(itutu), 6 「muuci (mutu), 7 「nanaci (nana-), 8 「jaaci (jatu),

9 「kukunuci (kökönö-), 10 「tuu (töwo ← töwö)

류큐어에서 kakanu 또는 kakan으로 발음되었을 것이다. 조금 거슬러 올라가서 15, 6세기 무렵에는 ari(有り)라고 하는 '종지형'이 아직 보존되고 있었던 것으로 보인다. 服部四郎, 「琉球語管見」(『方言』7-10, 1937) 참조. 与儀達敏, 「宮古島方言研究」(『方言』4-10, 1934)에 의하면, 이 방언에는 kakïm《書く》, mutsïm《持つ》와 같은 -m로 끝나는 '종지형'이 부분적으로 보존되고 있을 뿐만 아니라 m：na(みんな), mmi(胸), mtsï(味噌)와 같은 성절적(成節的) m을 가진 용례가 있다. ulïm(居る)라는 '종지형'은 ラ행 4단활용동사의 유추에 의해 변형된 것은 아닐까.

30) 대명사·수사에 대해서는 긴조 초에이(金城朝永)의 발음 및 저서 『나하방언 개관(那覇方言槪観)』(앞의 책, 주23)에 의한다.

31) waanu《私が》 대신에 waɴ이 사용된다. waa는 몽골의 *ban- (exclusive 'we')과 비교할 수 있다.

32) 1532년, 1613년, 1623년 3회에 걸쳐서 한데 모은 신가집(神歌集).

33) ziri라는 형태도 있지만, 이것이 음운법칙적으로 'いずれ'와 일치한다. zuri는 'いどれ'에도 해당할 수 있는 형태를 하고 있다. 이러한 형태 및 cagata의 어두 자음은 소실한 *i-의 영향으로 구개음화한 것이다.

34) 東条操, 『南島方言資料』(刀江書院, 1930), p.44.

35) 長田夏樹, 「上代日本語とアルタイ語族」(『蒙古』10-2, 1943).

1과 2가 약간 불규칙한 형태를 하고 있지만, 역시 'ひとつ', 'ふたつ'에 해당하는 것으로 생각되고, 3이하가 'みつ', 'よつ'……에 해당한다. 「cutaru≪一樽の容積≫의 cu-는 음운법칙적으로 'ひとつ'의 'ひと'에 해당한다.

그 밖에 구문상의 특징에도 많은 일치점이 발견되지만, 위에서 언급한 점만으로도 두 언어 간에 친족 관계가 있는 것에 대해 충분한 증거가 된다.

Ⅲ. 조선어와의 관계

일본어와 조선어의 비교는[36] 이미 에도시대 초에 아라이 히로세키(新井白石)가 저서 『동아(東雅)』(교호(享保)4년=1719년)에서 언급하고, 두 언어의 동계설은 도데이칸(藤貞幹)(즉, 후지와라 사다모토(藤原貞幹))의 『충구발(衝口発)』(덴메이 원년=1781년)에 보이는[37] 것이 가장 오래되었으나 비과학적인 것이었다. 서양인이 두 언어의 유사성을 언급한 것은 귀츨라프(C. Gutzlaff, 1833), 로니(L. de Rosny, 1864), 에드킨스(J. Edkins, 1871) 등이 있는데, 학문적으로 이 문제를 다룬 논문은 애스턴(W. G. Aston)의 A Comparative Study of the Japanese and Korean Languages(1879)[38]가 최초이다[39]. 그의 동계설은 훗날 일본의 학자들에게 큰 영향을 주어 오야 도루(大矢透) 박사의 「일본어와 조선어의 유사(日本語と朝鮮語との類似)」(메이지 22년=1889)를 시작으로 많은 논문이 있었지만, 시라도리 구라키치(白鳥庫吉) 박사, 나카다 가오루(中田薫) 박사, 미야자키 기치사부로(宮崎道三

---

36) 小倉進平, 『増訂朝鮮語学史』(刀江書院, 1940), p.58.
37) 亀田次郎, 『国語学概観』(博文館, 1909), p.40.
38) *The Journal of the Royal Asiatic Society of Great Britain and Ireland*, New Series, Volume Ⅺ, 1879.
39) 小倉進平, 『増訂朝鮮語学史』(주36), p.72.

朗) 박사의 연구는 특히 주목해야하며[40], 가나자와 쇼자부로(金沢庄三郎) 박사의 *The Common Origin of the Japanese and Korean Languages* (Sanseido, 1910)에 의해서 가장 발전된 형태로 정리되었다. 이 책에 대해서 페데르센(H. Pedersen)이 *Linguistic Science in the Nineteenth Century* (Cambridge, 1931) p.133에,

The theory of such a relationship [a relatively distant relationship between Japanese and Korean] is advocated, not without ability, by a Japanese scholar, S. Kanazawa, in a little volume The Common Origin of the Japanese and Korean Languages.

라고 언급했는데, 시사하는 바가 큰 책이어서 당시에는 이로서 두 언어 간의 친족 관계가 증명되었다고 생각하는 사람도 있었지만, 오늘날 보면 그 증명은 성공하지 않은 것으로 보인다. 가나자와 박사는 애스턴이 지적한 구문상의 특징, 특히 어순을 내세워 구체적으로 논하지 않고 형태상 특징의 유사점에 중점을 두고 방드리에스(J. Vendryes)의 이른바 형태소(morphéme)[41]의 일치를 증명하고자 하고, 또한 어휘 특히 대명사의 일치를 지적하려는 것은 타당하다. 그런데 여기서 음운법칙은 단편적으로만 문제 삼고 있다. 단어 또는 형태소의 일치를 증명함에 있어서 일관되게 음운법칙을 기준으로 한 적이 없다. 이 근본적인 결함이 박사의 논증을 '증명'으로서는 효력이 없는 것으로 만들고 있다. 예를 들면,

---

40) Nobuhiro Masumoto : *Le japonais et les Langues Austroasiatiques*(주6), p.13 小倉進平, 『增訂朝鮮語学史』 p.62.
41) 즉 의미소(sémantème)에 대조가 된다. J. Vendryes : *Le Langage*, Paris, 1921, p.86. 이 학술어는 충분히 과학적으로 정의되었다고 할 수 없지만, 지금은 편의 때문에 사용한다.

일본어 ba(場) ha(齒) ho(穗) a(我) na(汝) ka(彼) ka(香) kachi(步)

조선어 pa(処) pyö(骨) pyö(稻)a(我) nö(汝) keu(其) kho(鼻) köt(步)

일본어 kah-u(買) kak-u(搔)

조선어 kap(価) keurk(搔)

일본어 kari(雁) kata(傍) kata(堅)

조선어 kirö-ki(雁) kyöt(傍) kut(堅)

일본어 동사의 명사법이라고 하는 iha⁻ku, omoha⁻ku, negaha⁻ku, mira⁻ku등의 ⁻ku라는 접미사는 조선어의 sar⁻ki(살기, sari=生), po⁻ki (보기, po=見), mök⁻ki(먹기, mök = 食)의 ⁻ki(기)와 비교되고 있다(p.36). 한편, 일본어 형용사 등의 부사법 yo⁻ku, chika⁻ku의 ⁻ku는 조선어의 kăt⁻köi(같게, kăt=同), chyök⁻köi(적게, chyök=少), ka⁻köi(가게, ka=行)의 ⁻köi(게)에 비교되고 있다.(p.37) 이러한 결함은 박사가 류큐어를 언급할 때 더욱 명료해진다. 류큐어 동사의 경어법,

yubun≪呼ぶ≫   tuyun≪取る≫

yuba⁻bin≪呼びます≫   tuya⁻bin≪取ります≫

의 ⁻bin은 일본어의 yoba⁻hu(呼), tora⁻hu(捕)의 ⁻hu(←*pu)와 비교되고 있지만(p.43), 류큐어의 jubuɴ, tujuɴ은 이미 언급했듯이 일본어의 '呼び 居り', '取り居り'에 해당하고, jubabiiɴ, tujabiiɴ, icabiiɴ은 '呼びはべり居 り', '取りはべり居り', '行きはべり居り'에 해당한다. 또한 박사는 류큐어의 ne⁻ran≪無い≫을 조선어의 an⁻ir와 비교해서 ⁻ran, ⁻ir가 ≪有る≫를 의 미하는 어간으로 ne⁻, an⁻이 부정하는 의미를 나타내는 접두어로 생각 하는 것 같지만(p.50), 류큐어(나하방언)의 nee⌉ran의 ⁻ran은 ⌈kooraɴ (≪買わない≫, ⌈koojuɴ≪買う≫), hoo⌈raɴ(≪這わない≫, hoo⌈juɴ≪這 う≫), ⌈keeraɴ(≪換えない≫, ⌈keejuɴ≪換える≫), ⌈niiraɴ(≪煮えない≫,

「niijuɴ≪煮える≫) 등의 ‾raɴ와 같은 모양, tuu「raɴ(≪通らない≫, tuu‾
「juɴ≪通る≫) 등의 ‾raɴ에 유추해서 생긴 것으로 어간 nee-는 만요슈
(万葉集)의 아즈마우타(東歌)에 부정의 '조동사[42]' なは(미연형), なへ(甲)(연용
형), なふ(종지형), なへ(甲)(연체형), なへ(甲)(이연형)와 비교할 만한 것이다.

昼解けば解けなへ紐の 十四23 ウ

그렇다고 하면 neeraɴ은 이중부정의 형태가 된다.

요컨대, 이상의 연구자들에 의해 지적된 일본어와 조선어의 문법적
구조에서 보이는 많은 유사점은 두 언어 사이에 친족 관계가 존재할 개
연성이 크다는 것을 나타내는 것이기는 하지만, 그 존재를 증명하기 위
해서 블룸필드(Bloomfield) 교수의 이른바 형태소(morphemes)[43]의 일치가
음운법칙을 기준으로 밝혀져야 한다. 이런 의미에서 가나자와 박사의
논증은 증명으로서는 성공하지 못했지만, 박사가 지적한 형태소 일치의
일부가 앞으로의 연구에 의해서 증명될 가능성이 있고, 언뜻 보기에 유
사하지 않은 형태소도 사실 근원적으로는 동일한 것으로 밝혀질 수도
경우도 있을 것이다.[44] 이와 같이 두 언어 간의 음운대응규칙을 발견하

---

42) 山田孝雄『奈良朝文法史』(宝文館, 1913), p.511.
43) L. Bloomfield : *Language*, London, 1935, §10.2.
   음운법칙을 기준으로 하는 형태소의 대응이 언어의 친족관계에 대해 유력한(어떤 경우
   에는 부정할 수 없는)증거가 될 수 있는 것은 소쉬르(de Saussure(*Cours*, p.100)가
   말하듯이 'Le lien unissant le signifiant au signifié est arbitraire'이기 때문이
   다. 음소의 결합이 친족관계의 증거가 된다는 것은 하나의 표현에 불과하다. 형태소의
   대응을 떠난 음소의 대응은 없다. 형태소의 대응이라는 무관계의 문법범주의 '대응'이
   친족관계의 증거가 된다고 생각하는 것은 옳지 않다.
44) 아르메니아어의 erku≪two≫는 라틴어의 duo≪two≫와 현저하게 다르지만, 이에
   대응하는 것은 틀림없다. 왜냐하면,
   아르메니아어   erki-(erkiwł≪crainte≫)   erkar≪long≫
   그리스어   dwi- ≪craindre≫   dwārón≪longtemps≫
   를 비교하면, 아르메니아어의 erk-는 인도·유럽조어의 *dw-에 대응하는 것이 명백
   하기 때문이다. A. Meillet : *La méthode comparative en Linguistique*

는 것이 어려운 것은 두 언어가 가까운 친족 관계에 있는 것이 아님을 말해주는 것이다. 그렇다고 그 사실을 근거로 하여[45] 두 언어 간에 친족 관계가 없다고 단정하는 것은 상당히 위험하다.

IV. 우랄·알타이어족 이외 어족과의 관계

일본어가 이른바 '우랄·알타이어족'과 관계가 있다는 의견은 클라프로트(H. J. Klaproth)가 그의 저서 *Asia Polyglotta* (1823, 1831²)에 언급한 것이 최초라고 한다. 오늘날에는 '우랄어족'과 '알타이어족'은 일단 분리해서 생각하는 편이 좋다는 설이 유력하며 조선어에 관해서는 알타이어족과의 친근성이 이야기되고 있다. 그러나 극도로 엄밀하게 말하면,

---

Historique, Oslo, 1925, p.6.

45) 수사가 유사하지 않은 것은 두 언어의 동계설에 불리하지만, 이를 부인할 근거가 될 수 없다. 다른 언어와 일본어의 수사가 일치하는 것은 아직 언어학적으로 증명되지 않았다. 또한 일상적으로 자주 사용되는 단어의 유사하지 않은 점도 친족관계의 존재를 부정하는 근거가 될 수 없다. 동계어인 영어와 프랑스어 사이에도 다음과 같은 불일치가 발견된다.

영어	head	hair	mouth	hand	finger	
프랑스어	tête	cheveu	bouche	main	doigt	
영어	nail	leg	belly	lung	skin	year
프랑스어	clou	jambe	ventre	poumon	peau	an
영어	day	evening	moon	cloud	rain	man
프랑스어	jour	soir	lune	nuage	pluie	homme
영어	horse	house	earth	woman	child	dog
프랑스어	cheval	maison	terre	femme	enfant	chien
영어	tree	grass	leaf	stone		
프랑스어	arbre	herbe	feuille	pierre		

반대로 문법적 구조가 현저하게 다른 언어 간에 단어의 유사점을 찾는 경우에는 음운법칙을 기준으로 긴밀하게 검토할 필요가 있다. 중국어에서 일본어로 유입된 차용어에는 두 언어 간에 매우 명료한 음운대응의 통칙이 발견된다. 두 언어의 적지 않은 단어가 유사하더라도 명료한 음운법칙이 발견되지 않고, 두 언어의 문법적 구조가 두드러진 차이를 갖게 된 원인이 적당하게 설명되지 않을 때는 그런 단어가 적어도 일부 유사한 부분이 우연한 유사점에 불과할 가능성이 크다.

'알타이어족'을 구성하는 튀르크어·몽골어·퉁구스어 간의 친족 관계
가 인구어족(印歐語族) 정도의 확실성을 가지고 증명되었다고는 말하기
어렵다. 그렇지만 이상의 세 언어가 서로 친족 관계를 가질 개연성은
상당히 크다. 지금은 임시로 우랄어족·알타이(제언)어라고 하는 명칭
을 사용하기로 한다. 클라프로트 이후 그와 같은 주장을 한 사람으로
지볼트(Fr. von Siebold), 에발트(Ewald), 볼러(A. Boller), 로니(Léon de Rosny),
호프만(J. Hoffmann), 쇼트(Schott), 포트(A. F. Pott), 밀러(Fr. Müller), 빙클러
(H. Winkler), 그룬젤(J. Grunzel) 등이 있다.46) 이들 중에는 일본어 등에 관
한 지식이 불완전한 사람도 있고, 한편으로는 어휘의 비교에 관해서 음
운법칙을 중요하게 생각하지 않았다. 일본의 학자 중에도 이러한 주장
을 하는 사람이 적지 않았고, 메이지시대에는 시라토리 구라키치, 미야
자키 기치사부로, 나카다 가오루, 가나자와 쇼자부로, 도리이 류조(鳥居
竜蔵) 박사들이 주목받게 된다.

　한편, 당시에도 일본어를 제언어와 연관 지으려는 주장이 있었고 인
구어와의 동계설마저 제기되었지만, 후지오카 가쓰지(藤岡勝二)박사가
『국학원잡지(国学院雑誌)』(14권, 1908)에 게재한 「일본어의 위치(日本語の位置)」
(강연기록)에서 일본어는 직접 인도·유럽어족과 연계할 것이 아니라 우
선 '우랄·알타이어족'과의 친족 관계를 가정해야하는 것으로 '우랄·
알타이어족'의 제언어와 대체로 공통점을 가지고 있으며, 인구어와는
다른 언어적 특징으로서 다음의 14가지 조항을 들고, 그 가운데 제3조
만이 일본어에 결여되는 것은 주목할 가치가 있다.47)

46) 亀田次郎, 『国語学概論』(주37), p.33.
　　藤村作, 『国文学大辞典』(新潮社, 第2巻, 1933)의 「国語学」 (橋本進吉執筆).
　　新村出, 『国語系統論』(주4), p.21.
47) 亀田次郎, 『国語学概論』(p.39)에서 이 14가지 조건을 소개한 후 15번째 조건으로 '관계
　　대명사가 없음'을 추가했다.

(1) 어두에 자음이 두 개가 오지 않는다.

(2) r음으로 시작하는 단어가 없다.

(3) 모음조화가 있다

(4) 관사가 없다.

(5) 성(性)이 없다.

(6) 동사 변화가 굴절법에 의하지 않고 교착법에 의하며 일률적이다.

(7) 동사에 접속하는 접미사·어미가 꽤 많다.

(8) 대명사의 변화가 인구어와 다르다. 일본어의 조사 즉 'テ二ヲハ'의 접미에 의한다.

(9) 전치사 대신에 후치사가 있다.

(10) '가지다'(have)라는 단어가 없고 '……에……가 있다'라는 표현법을 가지고 있다.

(11) 형용사의 비교를 나타내는데 영어와 같은 접속사(than)을 사용하지 않고 탈격조사를 나타내는 'テ二ヲハ'(일본어에서는 'より')를 이용한다.

(12) 의문문은 진술문 끝에 의문을 나타내는 조사(일본어에서는 'か')를 붙여서 만든다.

(13) 접속사의 사용이 적다.

(14) 어순·수식어는 피수식어의 앞에 온다. 목적어가 동사의 앞에 온다.

그러나 이러한 특징은 일본어와 가까운 이웃의 다른 제언어에 없는 것을 확실하게 하지 않으면 일본어와 '우랄·알타이어족'과의 사이에 친족 관계가 있을 개연성을 큰 논거로서 이용할 수 없다. 이러한 의미에서 호리오카 분키치(堀岡文吉)가 『일본 및 범태평양민족의 연구(日本及汎太平洋民族の研究)』(富山房, 1927)에서 후지오카박사의 주장을 비판한 것은 정당하다고 할 만하다. 그에 따르면, 위의 14조항 중 1, 4, 5, 6, 7, 8, 10, 11, 12, 13의 조항들은 그대로 '남양어(南洋語)' 즉, '말레이·폴리네시아어족'에 들어맞기 때문에[48] 호리오카는 이러한 점들을 그대로 일본어와 '말레이·폴리네시아어족'의 동계설의 근거 중 일부가 될 수 있다고 생각한 것 같다. 그러나 2, 3(이에 대해서는 후술), 9, 14의 4개 조항의 특징

---

48) 호리오카의 주장이 모두 옳다고 할 수 없지만, 논점에는 그다지 영향을 미치지 않는다고 생각하기 때문에 일일이 검토하지 않기로 한다. 예를 들어 Bloomfield(Language, p.171)에 의하면 타갈로그어는 aŋ(=the)이라는 정관사가 있다.

에 의해서도 일본어와 '우랄 · 알타이어족'이 같은 계통일 개연성이 일본어와 '말레이 · 폴리네시아어족'이 같은 계통일 개연성보다 크다고 생각된다.[49]

그러나 후지오카 박사도 인정하신 대로 이러한 유사점은 친족 관계의 결정적 증거라고 할 수 없다.

1, 2와 같은 특징은 음운변화의 결과로 사라질 수도 있고, 새롭게 생길 수도 있다.[50] 몽골어계 간쑤성의 몽구오르방언(Monguor方言)에는 다음과 같은 형태가 있다.[51]

```
sDa-      ≪to be able to≫   ← cida-
sDeli-    ≪to break≫        ← setel-
sDōGu-    ≪elder, parents≫  ← ötegü
rē        ≪man, male≫       ← ere
rGuän     ≪broad≫           ← örgen
```

3의 모음조화 현상이 현대 일본어에 없는 사실을 후지오카 박사는 경시하지 않고 그 원인을 연구해야한다고 하지만, 후에 아리사카 히데요(有坂秀世)[52] 박사 등의 연구에 의해서 나라시대 일본어에도 이 현상이 있었다는 것이 분명해졌다. 또한, 15세기 조선어에도 있었다는 것이 마에마 교사쿠(前間恭作)[53]와 오구라 신페이(小倉進平)[54]의 연구에 의해서 뚜

---

49) 첫 번째 조건에 대해서 추후에 언급한다.
50) 람스테트 교수는 A comparison of the Altaic Languages with Japanese. (주 59) p.46에 다음과 같이 이야기하고 있다.
   The Altaic languages have never an r or an l in this position. This can, of course, be a special pre-Altaic law, but we may suppose that farther back in time words could begin also with l and r.
51) A. de Smedt et A. Monstaert : *Dictionnaire Monguor-Français*, Pei-p'ing, 1933.
52) 有坂秀世, 『国語音韻史の研究』(明世堂, 1944).
53) 前間恭作, 『龍歌故語箋』(東洋文庫, 1914).
54) 小倉進平, 『郷歌及吏読の研究』(京城帝国大学, 1929), p.507.

렷해졌다. 이렇게 해서 일본어·조선어가 알타이어와 같은 계통일 개연
성은 더욱 많아졌지만 이 점을 제언어의 동계설에 결정적 증거로 하는
것에는 찬성하지 않는다. 모음조화는 일본어를 제외한 다른 언어에서는
어간에만 한정하지 않고 어미(접미사)까지 영향을 미치는 것이 보통이
지만, 알타이어에서도 옛날에는 어간(또는 어근)에 그치고 어미에까지
영향을 미치지 않았다고 생각되는 점도 있다.55) 그리고 이러한 제언어
의 어근이 1음절 또는 2음절로 이루어지고, 음운론적 대립의 원인이 될
수 있는 강세는 없지만 어근(의 첫음절)이 강하게 발음되는 경향이 현
저하기 때문에56) 이러한 제언어가 동일한 조어(祖語)로부터 파생되었다
고 해도 모음조화 현상은 분열 후 각 언어에 있어서 독립적으로 발달했
을 개연성이 있기 때문이다. 즉, 이러한 제언어의 조어에는 그때까지
모음조화 현상이 없었을 개연성이 있기 때문이다.

---

55) 13세기 몽골어에는 다음과 같은 예가 있다.
　　gerü-daca ; tün-ne~tün-na
　　터키어의 bana≪私に≫, sana≪汝に≫는 *ben-ɣa, *sen-ɣa에서 바뀐 것으로 생각
　　된다. 服部四郎, 『蒙古とその言語』(湯川弘文社, 1943), p.219.

56) K. Grønbech : Der Akzent im Türkischen und Mongolischen (*Zeitschrift der Deutschen Morgenländischen Gesellschaft*. Bd. 94, Heft 3 (Neue Folge Bd. 19), Leipzig, 1940, SS. 375-398)
　　Б. Я. Владимирцов Сравнительная Грамматика Монгольского Письменного Языка и Халхаского Наречия, Ленинград, 1929, §33.
　　Е. Р. Шнейдер : Краткий Удейско-Русский Словарь, Москва-Ленинград, 1936, p.92.
　　Г. М. Василевич : Очерк Грамматики Эвенкийского(Тунгусского) Языка, Ленинград, 1940, §11.
　　河野六郎, 「満州国黒河地方に於ける満州語の一特色」 (京城帝国大学文学会編 『学叢』 第三集), p.199.
　　또한, 服部四郎, 「吉林省に満州語を探る」 (『言語研究』 第7/8号), p.58을 비교.
　　조사에 의하면, 조선어도 '문절(Syntagma)'의 첫 번째 음절이 강한 경향이 있다. G. J. Ramstedt : *A corean Grammar*. Helsinki, 1939, p.30, 1. 20, §73을 비교.
　　일본어도 '문절'의 첫 부분(첫음절 또는 두 번째 음절)이 강한 경향이 있다. 服部四郎, 「『文節』について」 (『市河博士還暦祝賀論文集』 第二輯), p.137.

알타이어와 조선어의 모음은 7, 8개 또는 그 이상 있는데 일본어에는 5개밖에 없어서 오스트로네시아어와 일치하기 때문에 일본어는 남방계통이라고 주장하는 학자도 있지만 나라시대 일본어에는

| ka | ki | kïi | ku | ke | kəi | ko | kö |

와 같은 다양한 모음이 있었다.57) (보설(3), 본서 p.181 이하 참고)

후지오카 박사가 지적한 그 외 특징들도 친족 관계의 결정적 증거로 볼 수 없다. 여기에서도 의미소(sémantèmes)와 형태소(morphémes)의 일치가 음운법칙을 기준으로 분명하게 할 필요가 있다.58)

람스테트(G. J. Ramstedt) 박사의 A Comparison of the Altaic Languages with Japanese59)는 이 관점에서도 우수한 논문이지만, 아직 비교가 단편적이어서 이러한 제언어의 친족 관계를 증명할 수 있었다고 하기 어

---

57) 橋本進吉, 『古代国語の音韻に就いて』(明世堂, 1942). k로 시작하는 음절이 8종 있었던 것은 확실하지만, 그 음가의 추정에 대해서는 아직 이설이 있다. 〔kï〕는 하시모토 교수의 추정, 〔kö〕(ö는 중설모음)는 아리사카 히데요 박사의 추정, 〔kəi〕는 나의 추정을 하시모토 교수가 채택한 것이다. 〔kö〕는 바뀌지 않은 부분일 것이다. 1946년 12월 17일 동경제국대학 언어학연구실회 강연에서 무라야마 시치로(村山七郎)는 다음과 같은 비교를 시도해 보았다.
몽골어kökü≪Brust≫ ‖ 튀르크어kökü-z ‖ 일본어kòkò-rò≪Herz≫ ; 몽골어〔ene〕 kü ‖ 일본어kó≪dies≫

58) 빌헬름(Wilhelm Pröhle) 박사는 Studien zur Vergleichung des Japanischen mit den Uralischen und Altaischen Sprachen (Keleti Szemle, Tome Ⅶ, 1916/7)에서 일본어의 문법적 구조가 우랄어와 원칙적으로 일치한다고 말하며, 원초적인 문법적 접미사와 일본어 고유의 것으로 보이는 많은 단어에서 일본어와 우랄어 사이에 두드러진 유사점이 인정되는 것을 지적하고 이러한 언어는 동계를 인정하는 것으로 결론내고 있다. 그러나 역시 음운대응의 통칙을 세우는 방법이 엄격하지 않기 때문에 결정적인 증명이라고는 할 수 없다. 알타이어에도 같은 형태인 유사점이 발견될 때 이러한 제언어가 동계일 개연성이 한층 커진다. 그렇다고 이 논문과 앞에서 언급한 마쓰모토 노부히로(松本信広), 호리오카 분키치, 파커의 연구, 마쓰무라 진조(松村任三) 박사의 일본어와 중국어의 동계설 등을 비교하면, 일본어는 어떤 언어와도 비교할 수 있다는 인상을 깊게 한다.

59) TASJ, Second Series, Vol.1.

렵다. 후지오카 박사의 가설과 다르게 특히 주의해야 할 이 논문의 특
징 중 하나는 일본어와 알타이어의 상이점을 조어로부터 분리된 후에
생긴 것으로 설명하고 있는 점이다. 람스테트 박사에 따르면 일본어에
개음절이 있는 것은 폐음절에서 변한 것이다. 따라서 예를 들면 일본어
의 ka는 kak, kag, kai, kar, kal 등으로 거슬러 올라갈 수 있다.(p.45) 일
본어에 없고 알타이어에 있는 것으로 보이는 '인칭활용(人稱活用)'에 대해
서는 다음과 같이 이야기했다.(p.51)

The personal conjugation was nevertheless in pre-Altaic something
unnecessary and occasional and the verbs were all grammatically nouns which
could function also as predicates.

　박사는 또한 「조선 및 일본의 두 단어에 관하여(朝鮮及日本の二単語に就
て)」(『민족(民族)』 1-6, 1926)에서도 두 언어가 같은 계통일 개연성이 많은
것을 나타내는데 성공했다.

　반복해서 언급했듯이 언어의 구조적 유사는 친족 관계를 확인하는
데에 결정적이지 않다. 그럼에도 불구하고 단어의 비조직적인 비교보다
도 구조적 유사를 지적하는 편이 친족 관계의 존재에 대해 한층 많은
시사점을 주는 경우가 적지 않다. 이런 의미에서 폴리바노프(E. D.
Polivanov)가 「조선어와 "알타이"어의 친족 관계 문제에 대하여」라는 논
문60)에서 일본어에 관하여 언급하고 있는 것은 주목할 만하다. 그는 일
본어와 오스트로네시아어와의 유사점으로

(A) 일본어가 원칙적으로 개음절로 이루어진 것.
(B) лексическая морфема (어휘적 형태소, 즉 방드리에스(Vendryes)의 의미소)가
　　원칙적으로 2음절로 이루어진 것.

60) К Вопросу о Родственных Отношениях Корейского и "Алтайских" Языков
　　(Известия Академии Наук СССР, 1927. p.1195)

*「pana」(鼻)

*turum → 西方言 curû → 東方言 「curu(鶴)

*popom → *popô → 京都ho˞ː → 東京 「hoː(頬)

*kvi → (京都) ki「ː(木) *ka「ju → *ka「i → *ke → *ki

등을 예로 들며 다시 한 번 조선어와 알타이어의 유사에 대해 다음과 같은 이유를 들고 있다.

(1) 형태적 구조가 오로지 접미사적 성격을 가지고 있는 것. 일본어는 접미사가 우세하지만 접두사에 붙은 어형의 고립적 요소나 반복형과 같은 오스트로네시아계의 유물이 나타난다.
(2) 악센트의 위치가 일정하면서 성질이 강약적인 것. 이것과 반대로 일본어는 오스트로네시아어와 같은 모양의 높은 악센트를 갖는다.
(3) 어휘적 형태소가 CVC와 같은 1음절로 구성되는 경향.
(4) 모음조화의 존재.
(5) 음운체계의 일반적 성격의 유사.

위의 내용 중 (A)는 일본어와 조선어 · 알타이어의 동계설에 확실히 불리한 점이다. 그러나 위에 소개한 람스테트 교수의 주장과 같은 음운변화가 일어났을 개연성은 충분하고 그 변화가 비알타이적 기층언어(substratum)에 의해서 생긴 개연성도 없는 것은 아니다. 어쨌든 이 음운적 특징을 근거로 일본어와 조선어 · 알타이어의 친족 관계를 부정하는 것도 할 수 없다면 오스트로네시아어와의 친족 관계를 증명하는 것도 할 수 없다.

(B)와 (3)에 대해서도 마찬가지다. 뿐만 아니라 알타이어 등이 CVCV라고 하는 형태의 의미소를 가지고 있지 않다고 단정할 수 없다. 이 점에 관련해서 일본어와 조선어 사이의 다음과 같은 대응은 특히 우리의 관심을 끈다.61)

---

61) S. Kanazawa : *The Common Origin of the Japanese and Korean*

일본어	pata(畑)	nata(鉈)	kasa(笠)	kuma(熊)	kura(洞)	kupa-si(美)
조선어	pat(田)	nat(鎌)	kas(帽)	kom(熊)	kor(洞)	kop(美)
일본어	siba(柴)	sima(島)	seba-si(狹)			
조선어	syöp(薪)	syöm(島)	chop(狹)			

만약 몇 개의 단어가 조어에 의한 동일어근을 포함하고 있다면 조선어
가 2음절의 모음을 잃었을 개연성이 상당히 있다. 폴리바노프는 같은
논문에서

일본어	asâ(朝)	curû(鶴)[62]
조선어	ac'am	turum

라는 대응도 인정하고 있다.

(1)에 관련하여 폴리바노프는 일본어의 접두사 ma-와 오스트로네시
아어 ma-의 일치를 지적하는 것에 그친다. 일본어의 접두사에는 복합
어의 제1요소였던 것이 상당수 있으며, 이런 종류의 접두사라면 조선어
에도 꽤 많다. 어근의 연구는 특히 두 언어에 대해 필요하다. 그러나 지
금까지 수없이 시도된 것과 같이 그다지 조직적이지 않고 일관성이 부

Languages(前出)에 의한다. 나의 전사법(転写法)에 의하면 pat, kas의 옛 형식은
bat, gad이다. 시라도리 구라키치(白鳥庫吉) 박사는 「日本の古語と朝鮮語との比較」
(『国学院雑誌』第四巻, 1898)에서

일본어	maga(惡)	numa(沼)
조선어	mak	nɯp

와 같이 대응을 지적하고 있다. 람스테트 박사는 「朝鮮及日本の二単語に就て」(前出)
에서 syëm, kom, kat, pat 외에

일본어	ipe(家)	siru(汁)
조선어	chip(家)	syul(酒)

을 예로 들고 있다. 나로서는 chip 대신에 조선어 ip≪入り口≫을 들고 싶다. 시라
도리 박사가 지적한 tsume(爪)에 대해 조선어의 thop(son-thop '손톱'의)은 son의
모음 조화해서 모음이 o가 되는 것이고 원형은 *tüb일지도 모른다. 이러한 어례는 다
른 단어와의 관계를 고려하면서 음운법칙을 기준으로 엄밀히 검토하지 않으면 안 된
다. 특히 남한의 방언에는 높은 악센트가 있기 때문에 일본어와의 사이에 악센트의 대
응이 있는 것이 명백해지면 두 언어의 친족관계에 유력한 증거가 될 수 있을 것이다.
62) 기호 ^는 교토방언의 〔a「sa」ŋa, cu「ru」ŋa]라는 악센트를 나타낸다.

족한 '어원 연구'는 경계가 필요하다. 어간 반복이 조선어에도 보이는 것은 가나자와 박사도 람스테트 교수도 지적하고 있다.[63] 알타이어조차 단편적이기는 하지만 보인다.[64]

(2)에 대해서도 폴리바노프의 견해는 옳다고 할 수 없다. 왜냐하면 남한의 방언에는 일본어와 같은 성질의 높은 악센트가 있기 때문이다.[65] 북한의 방언에 이것이 없는 것은 원시 조선어의 악센트를 잃은 것이 틀림없다. 일본에서도 관동동북부·후쿠시마현·미야기현·아키타현 남부 및 규슈의 미야자키·구마모토·후쿠오카·사가현 등의 일부 방언은 원시 일본어의 악센트를 잃고 음운론적으로 악센트가 없는 방언이 되었다.[66] 알타이어도 '문절(Syntagma)'의 첫 음절이 강하고, '문절'(또는 그보다 작은 언어 단위)의 마지막 음절이 높은 (동시에 강한) 경향이 인정되더라도, 음운론적으로 말하면, 그륀벡(Grønbeck)이 말한 대로[67] 사실은 악센트가 없는 제언어라고 해야 한다. 그러나 이러한 언어가 과거에 악센트(아마 높은 악센트)를 가질 개연성은 있고, 현존하는 어느 방언에서 그것이 발견 될 가능성도 전혀 없는 것은 아니다.

(4)의 모음조화에 대해서는 이미 언급했기 때문에 설명을 생략한다.

(5)에 관하여 폴리바노프는 조선어 특히 15세기 무렵의 모음 체계가 알타이어와 비슷하다고 생각하고 있지만, 일본어에도 나라시대 무렵에는 여덟 가지의 모음이 있었고 그중 적어도 o(남성 모음)와 ö(여성 모음)의 구별이 원시 일본어에 이미 있었던 것은 확실하다. 현대 일본어의

---

63) *The Common Origin*(前出), p.27. *A Corean Grammar*(주56), §83.
64) 만주어의 예, ba ba i≪方々の≫teisu teisu≪各々≫. 몽골어의 예, ulam ulam ≪段々≫, gurba gurba bar≪三つずつ≫. 카잔 타타르어의 예, törlö törlö≪いろいろの≫, jaza jaza≪書きながら, 書き書き≫.
65) 이 점에 대해 조사한 일부분은 다음의 논문에 발표했다. 「朝鮮語動詞の使役形と受身·可能形」(『藤岡博士功績記念言語学論文集』, 岩波書店, 1935).
66) 平山輝男, 「アクセント分布と一型アクセント」(『国語アクセントの話』(주16) 수록).
67) 앞(주56)의 논문 참조.

모음 체계를 닮았다고 할 수 없다.

이상 언급한 바를 개관한다면 폴리바노프의 이른바 "нащупывание компаративной почвы(비교 연구 지반의 모색)"이 일본어에 있어서는 오스트로네시아어 방면보다 조선어·알타이어와의 관련성을 지향하는 것이 옳다고 할 수 있을 것이다. 단지, 우리로서는 여러 가지 의미에서 남쪽 기타 제언어와의 비교 연구도 결코 소홀히 하면 안 된다는 것을 잊지 말아야한다.

V. 비교연구법의 근본적인 문제와 앞으로 우리의 과제

마지막으로 비교연구법의 근본적인 문제와 앞으로 우리의 과제에 대해 다소 이야기하고 싶다.

문법적 특징 중 형태적 특징보다 구문적 특징이 외국어의 영향에 의해 변화하기 쉽다고 생각한다. 나는 북만주의 타타르어와 러시아어를 말하는 타타르 청년들로부터 다음과 같은 표현을 종종 들었다.68)

bardəyázmə   bötón   ɉirläregezgá   qája   tijéʃ   idegéz   barərɣá?
行かれましたが すべての 場所(あなたの)へ どこへ べきで あった(あなたが)   行く

타타르어의 일반적인 어순으로는

baracáq   bötón   ɉirläregezgá   bardəyázmə?
行くべき   すべての   場所(あなたの)へ   行かれましたか

이다. 위의 예는 러시아어의

---

68) bar≪行く≫ - dəyəz≪あなたは……した≫ - mə≪か≫ / ɉir≪場所≫-lär('複数)-egez≪あなたの≫-gä≪へ≫ /i≪ある≫-degez≪あなたは……した≫/bar≪行く≫ ərɣa≪べく≫

Zaxodili　l'　vy　　vo vse　　mesta, kuda　vy　　dolžny byli　zaxodit'?
寄りました　か　あなたは　へ　すべての　場所　どこへ　あなたが　べきで　あった　寄る

라는 어순에 영향을 받은 것이다. 이처럼 영향을 쉽게 받는 이유는 우리의
일상 언어 행동(F. parole)에 나타난다고 생각한다. 예를 들어 일본어로는

　sono　ho ˥ no　to ˥ ʔte　kudasa ˥ i.

가 보통의 어순이지만, 급하게 말할 때

　to ˥ ʔtejo　sono　ho ˥ no.
　ho ˥ ɴ　to ˥ ʔtejo　sono.

라고 하는 것이다. 그런데 ×o-ho ˥ ɴ (を本) 이라든지 ×jo-toʔte(よ取って)
등이라고 하는 것은 아니다.69)

　일반적으로 언어의 비교연구에서는 구문적 특징보다 형태적 구조
를 중요시할 만하다. 그런데 알타이어・조선어・일본어의 형태적 구
조 자체에 이러한 언어의 비교연구를 곤란하게 하는 원인이 있다. 인
도・유럽어족의 비교연구를 쉽게 하는 하나의 원인은 곡용(曲用)과 활
용의 불규칙성과 형태론적 단위의 impénétrabilté역주3 70)이다. 그리스어
pólei(pólis (마을)의 '여격(dative)')는 언어학적으로는 분석할 수 있지만,
항상 이 형태 그대로 문 속에 나타나고 자신을 구성하는 성분의 위치가
바뀌거나 그 사이에 다른 요소가 들어가지는 않는다. 그런데 알타이어
등의 형태적 구조는 '교착적'이며 규칙적이다. 메이예(Meillet) 교수가 지
적하고 있는 것처럼71), 라틴어 es-t : s-unt와 독일어 (er) is-t : (sie)

---

69) 하나의 '음절'(Syntagma)을 이루는 성분의 배열 순서를 변경할 수 없는 점이 '문절'의
　　한 가지 특성이라고 생각한다. 다만 영어의 he is와 is he는 다른 '문절'로 본다.
70) A. Meillet : *Introduction à l'Etude Comparative des Langues Indo-Européennes*, Paris, 1934, p.355.

s-ind의 대응은 이러한 형식이 불규칙하고 예외적인만큼 두 언어가 친
족관계라는 유력한 증거라고 할 수 있다. 그런데 알타이어 등에서는 사
정이 매우 다르다. 예를 들면 알타이어 locativedative^{역주4}의 어미이다.

튀르크어	-da~-de
몽골어	-da~-de
만주어	-de

는 조어(祖語)의 동일한 어미로 거슬러 올라갈 개연성이 많다고 생각한
다. 그러나 그것과 명사(형용사 등)와의 결합이 매우 규칙적인 동시에
느슨하기 때문에 이러한 제언어간의 친족 관계 증거로서는 다소 약하
다. 왜냐하면 이런 종류의 어미는 특히 형태적 구조가 유사한 경우에는
차용 될 가능성이 없는 것은 아니기 때문이다. 나는 북만주의 타타르
청년들이72)

mínʒe barám.	≪私が行くのだよ。≫
mínte bélmimme.	≪私が知らないって？≫

와 같이 말하는 것을 가끔 들었다. 이것은 러시아어

Ya že poydu.

Ya-to ne znaü.

등의 že, to라는 조사를 적용한 것이다. 타타르어와 러시아어처럼 문법
적 구조가 다른 언어 사이에서도 이러한 차용이 나타난다.

이 때문에 화석화된 형식이 그대로 차용 된 것이 아니라면 매우 강력
한 증거가 되는 것이 일반적이다. 튀르크어에서 비교적 널리 사용되는

---

71) Introduction, p.32.
72) min≪私≫/bar≪行く≫ - am≪私が……する≫/bel≪知る≫ - mim≪私が……しな
　　い≫-me≪か≫

반조동사 어간형성접미사(反照動詞語幹形成接尾辭) -n-은 몽골어에서는 -ni-
의 형태로

    togta- ≪とまる≫   togtani-≪据わる≫

    joba-≪苦しむ≫   jobani-≪悲しむ≫

같이 화석화된 형태로 보이고, 게다가 어형그대로는 튀르크어에서 볼
수 없는 것이다. 만주어에서는 어간이 1음절로 어간말에 비음이 오거나
아무것도 오지 않는 동사, 예를 들어,

    sa-≪伸びる≫   sangka≪伸びた≫   sampi≪伸びて≫

등이나 과거를 나타내는 어미로서 -ha~ -he~ -ho 대신 -ka~ -ke~ -ko를
취하는 동사의 사역 어간에 그 흔적을 인정받을 뿐이다.[73] 예를 들면,

    toro-≪鎮まる≫   toroko≪鎮まった≫   torombu-≪鎮める≫

    bodo-≪謀る≫   bodoho≪謀った≫   bodobu≪謀らせる≫

조선어는 다음의 접미사 -nə-가 이에 해당하는 것이다.[74]

    khï-≪to be big≫   khïnə-≪to get larger≫

    kil-≪to be long≫   kinə-≪to extend≫

이러한 접미사는 제언어간의 친족 관계 증거로 효력이 크다.

---

73) G. J Ramstedt : *Zur Verbstammbildungslehre der Mongolisch-Türkischen
    Sprachen*, Helsingfors, 1912, §78가 만주어의 접미사 -na-를 튀르크어의 -n-
    에 해당하는 것으로 보는 것은 옳지 않다고 생각한다. 더욱이 이것에 의해 만주어는
    두 번째 음절 이하에서 음절말미의 -n이 다른 경우에도 소실했을 개연성이 있는 것
    을 아는 것에 주의해야 한다.

74) 服部四郎,「タタール語の述語人称語尾とアクセント」(『言語研究』第7/8号, 1941), p.74
    服部四郎,「アルタイ語の反照動詞語幹形成接尾辞-n-」(『民族学研究』12-2, 1947).

이와 같이 고찰해 보면, 일본어의 계통을 밝히고자 하는 연구자 앞에는 많은 일과 어려움이 있다는 것을 알 수 있다.

우리는 단어 또는 의미소를 비교하는 경우에도 형태소를 비교하여도 음운 법칙을 기준으로 지금까지보다 훨씬 정확한 방법으로 해야 한다.

각 언어 내에서 이루어져야하는 것은 엄밀한 기술적(記述的) 연구·역사적 연구·비교 연구이며 특히 어근과 형태소 연구, 같은 어근을 가진 단어의 친족을 찾는 연구가 중요하다.75) 그것은 차용에 의해 외관상의 유사를 제외하는데 도움이 될 것이다. 일본어와 조선어에는 특히 이런 종류의 연구가 필요하다.

각 언어의 여러 방언에 대한 비교 연구는 더 정확하게 이루어지기 위해서는 각 방언의 음운 체계에 대한 연구가 필요하다. 알타이어 분야에서조차 이러한 공시론적 연구는 매우 늦어지고 있다. 예를 들면 튀르크 여러 방언의 비교 연구도 이런 종류의 기초적 연구 없이는 충분히 연구되었다고 할 수 없다. 이러한 연구가 비교 연구의 기초로 필요하다는 것을 예를 들며 이야기를 마치고 싶다.

류큐어 요나미네방언의 동사 종지형에는 다음과 같은 형태가 있다.

　na「ɴ≪成る≫　　ma「gaːru」ɴ≪曲る≫　　pʼa「ziːma」ɴ≪始まる≫

이들은 이미 언급 한 바와 같이, 일본어의 '成りをり', '曲りをり', '始まりをり'에 해당하는 것이지만, 이러한 불규칙한 형태를 보여주고 있다. 나는 이전에 첫 번째와 두 번째 형태를 유추 작용에 의해 설명했지만, 세 번째 형태는 설명이 곤란했다. 앞에서 언급한 것처럼, 이 방언의 2음절 명사는 aˈmiː(飴), huˈtuː(音) 등과 같이 두 번째 음절의 모음이 긴 것이 보통이지만, ʔu「si (曰) tʼa」bi (足袋)처럼 짧은 것도 있다. 그런

---

75) G. J. Ramstedt : A Comparison(주59)의 p.50을 비교.

데 이러한 것들도 조사 -nu가 접미하면 ʔuˈsinu, tʼaˈbinu와 같이 두 번째 음절의 모음 길이가 반이 된다. 다른 단어를 두루 살펴보면 이러한 명사가 두 번째 음절의 모음이 짧은 것은 악센트의 관계에 의한 것으로, 이 방언에서는 원칙적으로 두 번째 음절의 모음76)이 길다는 규칙이 있다는 것을 알 수 있다. 따라서 위에 언급한 세 가지 동사는 이 방언에서는

*naiN   *magaːiN   *pʼaziːmaiN

같은 형태로 나타나야 하는 것이었다. 그런데 이 방언의 현재(및 가까운 과거) 음운 체계에는 -aiN, -aːN으로 끝나는 음절은 없다. 그래서 *naiN, pʼaziːmaiN은 naN, pʼaziːmaN으로 변형되어야 했다.77) 그런데 *magaː-iN은 그것들과 병행적으로 *magaːN에 변화 할 수 없고 오히려 *magaː-iN처럼 음절이 끊어지기 때문에 그대로 유지되고, 일찍이 내가 설명한 것78)과 같은 유추작용에 의해 magaːruN으로 변한 것이다. 의문을 나타내는 형태가

---

76) 어간이 1음절인 것은 모음이 길고, 조사가 접미하는 경우에도 어간의 모음은 길고 어미의 모음은 짧다.

　　⌈naː(名)　　⌈naː⌋nu(名が)

　　na⌈ː(菜)　　naː⌈nu(菜が)

이것에 의해서 〔naː〕와 〔nu〕의 사이에 일종의 단절이 인정된다. 나의 방언에는 상상상형(上上上型)과 상하하형(上下下型)이 있지만, 그것들로부터 구별된 상상하형(上上下型)은 없다. 그런데 상상형(上上型)의 명사와 하형(下型)의 조사가 결합으로 구성된 문절은 명료하게 상상하형(上上下型)이고, 명사와 조사 사이에 단절이 있는 것을 나타내고 있다.

77) 류큐어의 ee는 일본의 ai, ae등에 대응하고 일본의 e에 대응하는 모음은 i이기 때문에 류큐어에는 짧은 e가 없다. 요나미네방언도 사정은 같지만, 이 방언에는 - aːN 가 없는 것과 병행하고 - eːN의 존재도 음운체계가 인정하지 않는 - eN으로 변화한 결과, N의 앞에는 짧은 e가 나타나기에 이르렀다.

　　ne⌈n≪無い≫　　neː⌈nu mu⌈n≪無いもの≫

78) 服部四郎「『琉球語』と『国語』との音韻法則」(『方言』2-10, 1932), p.17.

nai⌈mi 'a⌈zi:mai⌉mi

인 것은 이 가설을 뒷받침한다.79) 즉, 여기에서 ai-mi와 음절이 끊어지기 위해 이중 모음 ai가 그대로 유지되었다.

이와 같이, 그 언어의 음운 체계의 요청으로 일견 불규칙한 변화가 일어나는 것은 드물지 않다.

일본어와 다른 제언어와의 비교 연구를 진행하기 위해서 우리는 매우 힘든 연구를 해야 하지만, 그 때 무엇보다 중요한 것은 진정한 의미의 정확한 연구이다.

보설

(1) 1958년 4월, 5월의 아마미 제도(奄美諸島) 현지 조사에서 얻은 지식에 대해 다소 보충설명하고 싶다. 가케로마섬(加計呂麻島) 쇼돈(諸鈍)의 방언에는 [⌊ʔa⌈r]와 [⌊ʔa⌈m], [⌈ʷu⌊r]와 [⌈ʷu⌊m] 라는 형식이 병존하며 각각 의의소(意義素)가 다르다. 모두 문장을 종지하는데 이용 될 수 있지만, [ʔar], [ʷur]의 경우는 질문하는 음조를 취하고 '(윗사람이 아랫사람에게 애정을 갖고 발화하는) 질문('有る?', '居る?'로 번역할 수 있다.)'을 만들 수 있고 의문을 나타내는 조사 /na/가 접미해서 [ʔaɲɲa]≪有るか≫, [ʷuɲɲa]≪居るか≫라는 형식을 만들 수 있는 반면, [ʔam][ʷum]의 경우는 '반복 의문(問い返し文)'은 만들지만 '의문문'은 만들지 않으며 위에서 언급한 조사 /na/가 접미 할 수 없는 등의 이유에서 [ʔar], [ʷur]

---

79) 유감스럽게도 maga：ruɴ의 '의문형'은 필기장에 적지 않았다. (보주. 나카소네 세이젠에게 문의한 결과, 그것이 〔maga：rumi〕인 것으로 나타났다. 즉, 위의 가설에 대해 지장을 초래하지 않는다.
(시마무라 고자부로(島村孝三郎)를 통해서 받은 문부성과학연구비에 대한 보고의 일부) (1948.12)

는 부정인칭(不定人称者)의 판단을 나타내고, [ʔam], [ᵂum]은 일인칭의 판단을 나타내는 것으로 추정된다. 이 추정을 피조사자 가네쿠 다다시(金久正) 씨에게 설명했더니, 자신의 감정과 매우 잘 부합한다는 것이었다. [ʔar], [ᵂur]는 객관적인 표현이라는 느낌을 따라 [ʔam], [ᵂum]는 화자의 판단(게다가 그다지 단정적이지 않은 판단)을 나타내는 것 같다고 한다. (상세한 설명은 다음 기회로 미룬다. 또한 일본언어학회 발행『언어연구』32호에 실린 졸고「소쉬르의 langue와 언어 과정설(ソスュールの langueと言語過程説)」참조) 다음으로 형태 부분을 검토한다면 [r], [m]은 모두 점약점강음(漸弱漸強音)에서 음절(syllabic)이며, [r] 뒤에는 극히 약하고 짧은 [ɨ]가 들리고 [m]도 지속부분은 길지만 본래는 입술을 닫고 있는 것이 아니라 가볍게 파열시키는 것이 목표가 되고 있다는 것이다 (가네쿠 다다시씨 및 오시카쿠(押角) 출신의 시마오 미호(島尾ミホ)씨의 보고). 그러므로 이들은 음운론적으로는 각각 /ʔarɪ/, ʔamɪ/, /'uˈrɪ/, /'uˈmɪ/로 해석된다. (이 방언의 [mi], [mi]는 각각 /mɪ/, /mjɪ/에 해당한다고 해석한다. /ɪ/ 대신에 /i/로 표기해도 좋다.) 한편, '鳥', '槍'에 대응하는 이 방언의 형식이 /θuˈrɪ/, /'jaˈrɪ/ 인 것, 또한 '鳥', '針'에 대응하는 형식이 /θuˈi/, /ɸaˈi/ 인 기카이섬(喜界島) 아덴방언에서 위의 /ʔarɪ/, /'uˈrɪ/에 대응하는 형식이 /ʔaˈi/≪有る≫, /guˈi/≪居る≫이며 마찬가지로 '鳥', '針'에 대응하는 형식이 /θurjɨ/, /harjɨ/인 오시마 본도(大島本島)의 야마토하마방언(大和浜方言)에서 /ʔarjɨ/≪有る≫, /'urjɨ/ ≪居る≫ 등에서 쇼돈방언(諸鈍方言)의 /ʔarɪ/, /'uˈrɪ/ 및 그것에 대응하는 다른 류큐제방언의 형식은 나라시대 일본어의 종지형 'アリ', 'ヲリ' (연체형 'アル', 'ヲル'가 아니다)에 대응하는 것으로 생각된다. 그렇게 하면 쇼돈방언의 /ʔamɪ/, /'uˈmɪ/에 직접 대응하는 형식은 나라시대 · 헤이안시대 일본어에는 없었다는 것이 된다. 그러나 이러한 형식의 어미 /mɪ/는 의의소 측면에서 생각하면, '見ム', '起キム', '有ラム'의 'ム'와 같은 어원일 개연성이 크다. 또한 오키나와제방언의 /ʔaN/≪有る≫, /'uN/≪居る≫는 '의문형'이 /ʔami/ ≪有るか≫, /'umi/≪居るか≫이기 때문에, 쇼돈방언의 /ʔamɪ/, /'u˥mɪ/ (/ʔarɪ/, /'u˥rɪ/가 아니다)에 대응하는 형태가 틀림없다. 그리고 이러한 모든 사실은 류큐제방언이 나라시대 이전의 일본 조어에서 발달해 온 것으로 생각하는 하나의 근거가 될 수 있다.

더욱이 이하 후유(伊波普猷) 선생이 15세기 초엽의 것으로 추정되는『화이역어(華夷訳語)』(도조 미사오(東条操)『남도방언자료(南島方言資料)』수록)에도 '有'에 대해서 '阿立'(ari 47, 73)가 있고, 1501년 날짜가 있는『어음번역(語音翻訳)』(『남도방언자료(南島方言資料)』 수록)에도 '有麼'≪有るか≫에 대해서 조선 글자로 ari라고 쓰여있기 때문에, 오키나와의 중앙어에도 옛날에는 쇼돈방언의 /ʔarɪ/에 대응하는 형식이 있었다는 것을 알 수 있다. 한편, 1719-20년의 책봉(册封) 부사(副使) 서보광(徐葆光)의 저서인『중산전신록(中山伝信録)』에는 '看'≪見る≫에 대해 '妙母'가 있고 이것은 슈리의 [nuːN] ≪見る≫가 18세기 초반에 아직 [mjuːm]이 있었음을 나타내는 것으로 해석 할 수 있다. 슈리 외 오키나와방언의 /ʔaN/등이 [ʔam]에서 왔다는 추정이 하나의 방증이라고 할 수 있다.

물론 ari → am이라는 변화가 일어난다고 하는 나의 오래된 추정은 버려야한다. 즉, 이 두 형식은 한쪽에서 다른 쪽으로 변화했다는 관계가 아니라 동시대에 대립해서 공존 한 적이 있었지만, 오키나와의 중앙어 등이 있는 상황에서 ari 쪽이 쓰이지 않게 된 것으로 생각된다.

다음으로 슈리방언에서 도쿄·교토방언의 'モ'라는 음절에 대해 종종 mu가 대응하는데 조사의 'モ'에 대해서는 N이 대응하는 사실에 대한 나의 새로운 설명은 다음과 같다.

류큐방언 중에는 '齒^ハ', '木^キ', '手^テ' 등에 대응하는 1음절 명사의 모음이 긴 방언이 많이 있을 뿐만 아니라 '鼻^{ハナ}', '花^{ハナ}', '風^{カゼ}', '雲^{クモ}', '角^{ツノ}' 등의 제2모음까지 긴 방언이 곳곳에서 발견 되더라도 명사에 접미하는 nu≪の, が≫, tu≪と≫, ja≪は≫ 등 조사의 모음이 긴 방언은 없다. 조사 'も'에 대응하는 형식도 아마 모음이 짧았기 때문에 [m] 혹은 [ɴ]이 쉽게 변화 할 수 있었을 것이다.

게다가 이러한 변화에는 다음과 같은 상황도 작용했을 것이다. 이번 조사를 통해 아마미제도(奄美群島) 제방언 가운데, 나라시대 일본어의 o(갑류, 甲類)와 ö(을류, 乙類)의 구별에 대응하는 분류를 유지하고 있는 방언이 있는 것을 발견했다. 이 분류는 내가 조사한 범위에서는 특히 2음절 명사의 두 번째 음절 'ㅏ'에 대응하는 음절에서 가장 명료하게 인정된다. 예를 들면 (방언의 표기는 음운 기호에 의한다. 쇼돈은 가네쿠 다다시씨, 나제(名瀬)는 요쓰모토 아키히(四本秋彦) 씨, 요쓰모토^{ヨツモト} 고로(四本五郎) 씨 및 데라시 다다오(寺師忠夫) 씨에 대해 조사),

나라시대 일본어		쇼돈방언	나제방언
ato	(跡)	ʔaθoo	˩ʔaθo
sato	(里)	saθoo ˩	˩saθo
pato	(鳩)	hatoo	˩haθo
tuto	(苞)	tɨtoo	˩cjito
itoko	(親)	ʔɨθooxo≪いとこ≫	
Otö	(音)	ʔuθuu ˩	˩ʔuθu
kötö	(事)	xutuu	˩xutu
mötö	(本)	muθuu	mu ˩ θu
kötö	(言)	xutuuba≪言葉≫	˩xuθu ˩ ba

(첫음절의 모음이 무성화되지 않을 때는 대기음(帶気音)의 /θ/가, 무성화될 때는 후두 화음(喉頭化音)의 /t/가 나타난다.) 이러한 대응이 확인

되면 예를 들어, 쇼돈 /sɪtuu/≪外≫, 나제 / ˪suθu/에서 *sötö라는 재구
형(再構形)을 만들 수도 있다.

음절 'ソ'에 관해서는 자료가 적지만, 쇼돈의 /ʔɪsjoo ˥/≪磯≫,
/sɪsoo/≪裾≫이 나라시대의 iso, suso에 대응하는 것이 주의된다. 나라
의 kuso ≪糞≫에 대해 쇼돈은 /xusuu/를 나타내지만, 이것은 첫음절의
/xu/ 뒤에서 /soo/가 /suu/로 변화한 것이다.

음절 'ノ'에 관해서는 다음과 같은 쇼돈방언의 자료를 입수했다. /tɪnoo/
≪角≫, /nunoo ˥/≪布≫, /θunuu/≪旧藩時代の代官≫, /xunuumjumɪ/≪好
む≫. 이러한 예에서 /oo/과 /uu/의 구별도 조어(祖語) *o와 *ö의 구별로
거슬러 올라갈 개연성이 크다. 나라시대의 mönö(物)에 대한 방언은
/muɴ/이 있지만 이 명사는 약하게 발음되는 경우가 많기 때문에 형태
적으로도 약해진 것이다.

음절 'ロ'에 관해서는 나라시대의 irö(色), körö(頃), usirö(後)에 대해 쇼
돈방언은 /ʔɪroo, xuroo ˥, ʔusjɪrjo/처럼 /o/가 나타나는 것이 원칙으
로, 조건부로는 /u/가 나타난다. 예를 들어, /kuruu/ ≪黑≫, /sjɪrjuu/
≪白≫는 나제방언 등의 /ku ˥ru, sjɨ ˥ru/와 비교하면 첫 음절의 모음
이 길었을 것으로 생각된다.(『日本語の系統』역주5 p.403 이하 참고)

음절 'コ'에 관해서는 다음 자료가 있다.

나라시대 일본어		쇼돈방언	나제방언
sökö	(底)	sɪkuu	˪suxu
yökö	(橫)	'juxuu ˥	˪'juxu
tökö	(床)	θukɪ ˥ (~θuku ˥ mɪ)	˪θuku
pako(?)	(箱)	hakɪ(~haku ˥ mɪ)	˪haku

두 방언에 있어서 마지막 두 항목의 제2음절은 내지방언의 'ク'에 대응
하는 형태를 보이고 있다. 뭔가 특수한 음운변화가 일어난 것이다.

 3음절 이상의 단어는 쇼돈방언에서 /hoo/가 나타나고 나제방언에서 이 /h/가 탈락되었다.

kökörö	(心)	xohooro	⌊ xooro
kökönö	(九)	xohoonotɪ	⌊ xonocjɪ
tökörö	(所)	Ɵuhooro	⌊ Ɵoro
		Ɵohoo≪蛸≫	⌊ Ɵoo≪蛸≫

 마지막 단어는 아마도 *tako로 거슬러 올라가는 것이겠지만, 2음절 단어에서도 첫음절의 모음이 *a인 경우에는 2음절의 *ko가 /ho(o)/로 변했을 것이다.
 음절 '모'는 다음과 같다.

kamo	(鴨)	xamoo ⌉	⌊ xamo
kumo	(雲)	kumoo	⌊ kumo
momo	(股)	mumoo	
simo	(下)	sjɪmoo	sjɪmo-(sjɪmoho：≪部落の西の方≫)
kömö	(菰)	xumoo	xo ⌉ mo
tömö	(伴)	Ɵumoo ⌉	⌊ Ɵomo
kömörinu	(隱沼)	xumorɪ≪穴≫	⌊ xomorji≪穴≫
Omöpu	(思)	Ɂumoo'jumɪ	Ɂomo'juN

 즉, 모든 /mo(o)/로 통일되고 있다. 이것은 양순비음 *m의 영향으로 *ö가 *o로 변했을 것이다. (나라시대(万葉集, 만엽집) 일본어에서도 '모', '호', '보'에는 갑을의 구별이 없다.) 그러나

umo	(芋)	Ɂumuu	⌊ Ɂun

와 같은 예외가 있지만, 도쿠노시마(德之島)의 가메쓰방언(亀津方言)에서는 /Ɂu⌐N/ ≪田芋≫이기 때문에, 첫음절의 모음이 길어서 특별한 음운변화가 일어난 것이다.

이상을 개관하면 일본 조어의 *o는 반광후설모음(半広後舌母音) [ɔ]인 반면, *ö는 반협중설모음(半狹中舌母音) [ɵ]였기 때문에 류큐방언의 일부에서 전자가 /o/, 후자가 /u/로 나타나는 것으로 추정된다.

조사의 'も'는 나라시대에 mö이기 때문에 일본 조어에서도 *mö일 것이다. 그리고 류큐방언에서 이 조사는 앞에서 이야기한 바와 같이 항상 모음이 짧게 발음되기 때문에 어말의 다른 mö와 보조를 달리하여 mu로 변하고 [m] 또한 [N]으로 변했을 것이다. 이 조사에 대응하는 앞에서 언급한 두 방언의 형식은 다음과 같다.

	花	花の	花も
쇼 돈	hanaa	hanaanu	hanamɪ[「haˊnam]
나 제	hana	hananu	hanaɴ

(2) kasimi ≪霞≫ 이하의 용례는 『류큐어편람(琉球語便覧)』(1916년)에 수록된 '오키나와 대화(沖縄対話)'에서 추출한 것이지만, 야마투구치(ヤマトゥグチ, 内地方言)로부터의 차용어가 아닌가 생각하고 히가 슌초(比嘉春潮) 씨에게 문의 한 결과, 다음과 같은 보고를 받았다.

> 이러한 단어는 '霞'와 '狐' 외에는 모두 메이지 이후의 야마투(ヤマトゥ)・우치나구치(ウチナーグチ)라고 생각한다. 'カスィミ'는 노랫말로서 폐번(廃藩) 이전부터 있었지만, 오키나와는 霞와 霧의 구별 없이 모두 'チリ'라고 한다. 눈이 침침한 것을 슈리어는 'ミーヌ チリ カカヤーシュン'이라고 한다. 여우는 모든 섬에 없지만 사람을 속이는 동물로 널리 알려져 있다. 사람을 속이는 인간을 'チツィニヌ グトール ムン'이라고 말한다.
>
> 'ナツィミ', 'スムム', 'ウーカミ', 'オーム'는 실물이 없어서 옛날에는 이름조차 몰랐다. 오징어는 있었지만 'フシィカ' 또는 'フシイチャ'라고 불렀다. 'スルミ'라는 단어는 들어 본 적도 없다.
>
> 이상 '霞' 다음 단어는 모두 야마투구치로부터의 차용어라고 생각한다. 오징어 외에는 모두 오키나와에 없는 것이었기 때문일 것이다.

또한 '오키나와 대화'에 대해서는 다음과 같이 언급했다.

> '오키나와 대화'에 오키나와어 자료를 제공한 것은 아마 도미구스쿠 세이코(豊見
> 城盛綱)와 요시다 초케이(親泊朝啓) 두 명이었을 것으로 알려져 있지만, 이 사람들은
> 구번시대역주6의 교육을 받은 슈리인으로, 도미구스쿠씨는 일본어도 꽤 잘하는 사람
> 이었다. '오키나와 대화'는 오키나와어를 거의 모르는 일본인과 일본어를 그렇게 잘
> 은 모르는 오키나와인이 공동제작한 것이기 때문에 약간 일본어에 영합적(迎合的)
> 태도로 무리하게 즉석에서 오키나와어를 신작하여 대답한 것은 아닌지 의심되는 점
> 이 있다. '鯣' 등 어쩌면 오징어(鰂)와 말린 오징어(干烏賊)와의 관계를 모르고 'スル
> ミ'라고 한 것은 아닐까하고 생각한다.

다른 단어에 대해서도 더 자세히 조사할 필요가 있지만, 어쨌든 위의 여
러 단어에 대해 고찰 할 때 그것들이 차용어임을 고려할 수밖에 없다.

(3) 현재 이러한 여덟 음절은 음운론적으로 다음과 같이 해석해야 할
것이다.

/ka/	/ki/	/ku/	/ke/	/ko/	/kö/
	/kji/		/kje/		

즉, 'コ'의 갑류와 을류의 대립은 중핵모음음소(中核母音音素) /o/와 /ö/의
차이에 의한 대립이지만, 'キ', 'ケ'의 갑을 두 종류의 대립은 자음이 구
개음화하고 있는지 아닌지의 대립으로 중핵모음음소는 각각 동일하다
고 생각한다. 'オ열' 갑을 두 종류의 대립은 'ア행', 'ハ행', 'バ행', 'ワ행'
을 제외한 모든 행에서 볼 수 있는데, 'イ열'과 'エ열'의 갑을 두 종류의
대립은 'カ행', 'ガ행', 'ハ행', 'バ행', 'マ행'에서만 볼 수 있다는 사실은
위와 같이 추정하면 쉽게 설명 할 수 있다. 즉, 연구개음(軟口蓋音)의 [k],
[g]와 비구개음화적 순음(非口蓋化的脣音)의 [p], [b], [m]은 지속부분과 파
열 직후 혀와 입천장의 사이에 넓은 공동(空洞)이 생겨 지나가는 파열음
에 어두운 음색을 내는 반면, [t], [d], [n]의 경우에는 이 공동이 좁고 파

열음에 밝은 음색을 낸다. 따라서 구개음화된 [t], [d]와 비구개음화적인 [t], [d]의 음색 차이는 구개음화된 [p], [b], [k], [g]와 비구개음화적인 [p], [b], [k], [g]의 음색의 차이보다 특히 전설모음 앞에서 적다. 그러므로 /kji/와 /ki/, /pji/와 /pi/라는 음운적 대립보다도 /tji/와 /ti/는 음운 대립 쪽이 유지되기 어렵고, 양자가 합류하거나 /tji/에 해당하는 음절의 자음이 파찰음으로 변화한 다른 음소 /c/에 이행할 가능성이 크다. 나라시대 일본어에서 '巻か', '巻き', '巻く'로 바뀌는 'キ'가 /kji/로, 'ツキ' (月), 'ツク(ヨ)'(月夜)로 바뀌는 'キ'가 /ki/였던 반면, '立た', '立ち', '立つ' 로 바뀌는 'チ'와、'クチ'(口), 'クツ(ワ)'(轡)로 바뀌는 'チ'가 함께 /ti/였 기 때문에, 적어도 부분적으로는 그러한 합류([ti]와 [tïi]의 합류)가 일어 나고 있었다고 생각해야한다. 또한 나라시대 일본어에서 'ホ', 'ボ', 'ヲ' 에 갑을 두 종류의 대립이 아니라 'モ'에서 같은 대립도 빨리 소멸한 것 은 구개음화가 없는 순음이 중설모음(中舌母音)의 [ö]를 싫어해서 [o]로 변 하게 한 것이다. 또한 『日本語の系統』[역주7] p.410 이하 참조.

(1958년 5월)

(임고은 옮김)

▶▶ 역자 주

1) 5단활용동사
2) 상1단·하1단활용동사
3) 불가해성
4) 처소여격
5) 服部四郎, 『日本語の系統』, 岩波文庫, 1999, p.403.
6) (旧藩時代, 1872~1879년) 일본의 메이지 신정부는 폐번치현의 과정에서 독립왕국이었던 류큐왕국을 류큐번으로 편입시키고 1979년에 다시금 오키나와현으로 만들어 완전히 일본영토로 만들었다.
7) 服部四郎, 『日本語の系統』, 岩波文庫, 1999, 위의 책, p.410.

아시아학술번역총서 1
알타이학시리즈 4

알타이 가설과 한국어

초판 인쇄 2016년 12월 23일
초판 발행 2016년 12월 30일
지은이 G. J. 람스테트 · N. 포페 · 핫토리 시로
옮긴이 도재학 · 남서영 · 임고은
펴낸이 이대현 | **편집** 홍혜정 | **디자인** 이홍주
펴낸곳 도서출판 역락 | **등록** 제303-2002-000014호(등록일 1999년 4월 19일)
주소 서울시 서초구 동광로 46길 6-6(반포동 문창빌딩 2F)
전화 02-3409-2058, 2060 | **팩시밀리** 02-3409-2059 | **전자우편** youkrack@hanmail.net
ISBN 979-11-5686-729-6 94700

　　978-89-5556-053-4 (세트)